Pedro Gómez García

El Corán y los Evangelios

Estudio comparativo

Impresión y editorial: BoD – Books on Demand
info@bod.com.es - www.bod.com.es
Impreso en Alemania – Printed in Germany

ISBN: 9788411743822

Europa pronto se vendrá abajo a causa de su previo liberalismo, que ha demostrado ser infantil y suicida. Europa produjo a Hitler, y después de Hitler el continente se ha quedado ahí sin argumentos: las puertas están de par en par abiertas para el islam, ya no se atreve a hablar de raza y religión, mientras que el islam solo conoce el lenguaje del odio contra las razas y religiones ajenas.

Debería decir unas palabras sobre la política también... Entonces hablaría de cómo los musulmanes están inundando, ocupando y, dicho con claridad, destruyendo Europa, y cómo Europa se presta a esto con el liberalismo suicida y la democracia estúpida... El final es siempre de la misma manera: la civilización alcanza cierta etapa de maduración donde no solo no es capaz de defenderse, sino que, por lo que se ve, yace en una adoración incomprensible de su propio enemigo.

IMRE KERTÉSZ
Premio Nobel de Literatura 2002

En la portada
Texto griego: *Mateo* 5,43-45
Texto árabe: *Corán* 9,5

ÍNDICE

CAPÍTULO 1

INTRODUCCIÓN AL MÉTODO COMPARATIVO

Lo primero que tenemos que discernir es *qué vamos a comparar*. No las historias de dos civilizaciones, ni dos sociedades, ni los comportamientos de los individuos que las integran. Este ensayo propone una comparación entre dos textos que son fundamentales respectivamente para dos religiones, que son el sistema religioso islámico y el sistema religioso cristiano. Ambos están insertos históricamente entre las tradiciones surgidas en Oriente Próximo, junto con el judaísmo y el zoroastrismo. A veces se las llama, quizá impropiamente, religiones proféticas. El análisis comparativo se centrará en una serie de tópicos, con el fin de poner al descubierto las semejanzas y diferencias más significativas.

Una comparación de esta índole, que resultará polémica para algunos, se puede discutir, pero no se debe impedir. Es una tarea arriesgada, sin duda, por lo que requiere del investigador ascetismo intelectual y método: espíritu crítico, actitud ecuánime y razonamiento objetivado.

En el plano personal, cada uno tiene derecho a sustentar las opiniones, convicciones y creencias que mejor le parezcan. Pero, al llevar a cabo el estudio, es obligado dejarlas aparte, con el fin de atenerse a los datos, que aquí yacen en los textos, en cuanto referentes empíricos y semánticos, y presentar las hipótesis apoyadas en los argumentos mejor fundados.

Quien tenga prejuicios negativos o positivos con respecto a la religión, debería saber que eso es irrelevante para el análisis, a condición de que se esté dispuesto a respetar el método y las conclusiones. Esto no equivale a validar cualquier fenómeno religioso, puesto que no se niega en absoluto que pueda haber mala religión, como hay mala filosofía, o mala política, o malas artes. Mala religión será la que difunde mitos falaces y mentiras, hasta el fanatismo, la que promueve rituales de división, que siembran odio, la que pone en práctica acciones violentas contra los disidentes. Pero nada de esto es intrínseco al concepto de religión.

De manera similar, quienes aseguran rutinariamente que «todas las religiones son iguales», que «se explican por el miedo a la muerte», que «son el opio del pueblo» y simplezas por el estilo deberían estar dispuestos a ir un poco más allá de las posiciones dogmáticas decimonónicas y ampliar sus lecturas.

En cualquier caso, al abordar este estudio, es necesario tener en cuenta, en todo momento, varias advertencias importantes sobre el objeto y el método:

— *Aquí no se trata de personas*, no se habla de individuos, ni de comunidades. Vamos a tratar de ideas y *sistemas de ideas*, no de personas. Por ejemplo, hablamos del islam, no de los musulmanes.

— *Tampoco se trata de hacer política*, no se pretende apoyar ninguna opción, y menos aún tomar partido ante problemas políticos o económicos concretos. Lo que presentamos es una *indagación del sistema religioso* específicamente tal, sin negar sus implicaciones políticas, utilizando instrumentos científicos normalizados, como el método histórico-crítico, o el análisis estructural, y añadiendo a veces reflexiones de orden teórico o filosófico.

— *El trabajo es con textos y con significados*. Las referencias al contexto de los hechos históricos serán en función del mejor entendimiento del texto. Al tratarse de ideas y sistemas de índole religiosa, lo importante son los significados codificados en los textos canónicos, y no tanto las prácticas que hayan podido inspirarse en ellos.

También hay que prevenir la creencia de quienes presuponen que, por el hecho de analizar críticamente un sistema de ideas de un signo, uno está defendiendo el sistema de signo contrario. En absoluto: simplemente se analiza lo que se está analizando.

La meta que persigue el análisis ha de ser, por encima de todo, la *búsqueda de la verdad*, en el sentido de avance hacia una mejor inteligibilidad, como progreso en el conocimiento. El valor de una teoría depende de los datos y los argumentos que aporte en su nivel epistemológico pertinente. Más allá del conocimiento propio de las ciencias naturales, las ciencias sociales y humanas también poseen cierto ámbito para la contrastación empírica; pero el pensamiento humano todavía cuenta con la posibilidad de la argumentación filosófica, y la expresión de la mitología o la poesía.

A fin de cuentas, en cualquier tipo de conocimiento, es necesario tener conciencia clara de los límites, de aquellas incertidumbres que nunca se disipan del todo. Y en nuestra tarea, esto comienza por la incertidumbre en la traducción de los textos y la interpretación correcta de su significado.

Toda esta labor exige, además, un esfuerzo permanente por ir superando los obstáculos ideológicos de todo tipo, que impiden pensar con libertad, en particular, en nuestro caso, el miedo a abordar de frente el estudio del islam, por no mencionar los turbios intereses para no hacerlo.

1.1. LA LEGITIMIDAD DE LA COMPARACIÓN

Un punto capital estriba en responder a la pregunta sobre la legitimidad de la comparación y el modo de abordarla. La respuesta dependerá del planteamiento, pues ponerse a comparar cualquier cosa y de cualquier manera puede ser un enorme disparate. Por eso, es necesario establecer el marco de las condiciones que han de darse para que la comparación sea legítima, bien fundamentada y aceptable.

Hay que tener muy claro, desde el principio, que lo que se compara no es el islamismo y el cristianismo en bloque, ni los respectivos desarrollos históricos en conjunto, porque eso es inabordable. Dada su complejidad, comparar un sistema con otro como un todo con otro todo carece de sentido metodológico. Lo que cabe analizar son tan solo aspectos significativos determinados de los textos fundamentales, temas o subtemas equiparables del Nuevo testamento y del Corán. La condición es que, de un lado y de otro, haya correspondencia en el campo semántico aludido.

Cuando afirmamos la posibilidad y la legitimidad de la comparación, nos apoyamos en un *fundamento* teórico que se puede explicitar. En primer lugar, en la teoría antropológica sobre la universalidad del espíritu humano, es decir, que todos los miembros de la especie estamos dotados de la misma naturaleza y la misma razón básica. Y en segundo lugar, en la tesis bien argumentada de la existencia de valores universales, tanto en el orden cognitivo (lo verdadero) como en el orden ético (lo bueno, lo justo), por muy discutibles que sean los contenidos adscritos.

Para encaminar bien y llevar adelante la comparación, hemos de tener en cuenta unos *criterios de comparabilidad* que podemos especificar y que deben cumplirse:

1. No es correcto comparar cualesquiera elementos sueltos de un sistema y de otro, sean escogidos al azar o por las apariencias, porque el significado del elemento resulta de relaciones más complejas y hay que establecer su correspondencia recíproca.

2. Tampoco es posible comparar un sistema con otro tomados cada uno como un todo, porque no se puede hablar de todo a la vez, ni de golpe, y porque el sentido del todo depende de las partes. Sobre el sistema como tal caben consideraciones filosóficas, o valoraciones, pero solo después de los análisis particulares.

3. La comparación induce a engaño si se plantea directamente en el plano empírico; en el caso de un texto, en el sentido literal. Es preciso, primero, el análisis filológico, semántico, temático, etc. La generalización debe preceder a la comparación: lo que se compara son estructuras y significados.

4. Para empezar, el asunto objeto de análisis comparativo debe ser el mismo, o equivalente, en cada lado de la comparación. Por ejemplo, la idea de Dios, los principios éticos, el estatus de la mujer, la relación entre religión y política, etc.

5. Debe utilizarse el mismo criterio de selección del material textual o las citas, el mismo método de descripción y análisis, la misma lógica de argumentación, de manera que se traten con igual objetividad los términos comparados.

6. Finalmente, para un trabajo sobre temas religiosos, es imprescindible disponer de una teoría capaz de dar cuenta de todos los sistemas susceptibles de estudio. Es decir, hay que contar con una teoría de la religión suficientemente bien fundada y aplicable a toda la diversidad.

1.2. UNA TEORÍA CIENTÍFICA DE LA RELIGIÓN

Desde el comienzo, pues, nos es imprescindible establecer el marco de referencia de una teoría científica sobre la religión, que se pueda objetivar, para escapar al aluvión de interpretaciones indiscernibles, subjetivas o dogmáticas, abocadas a hundirse en las arenas movedizas de una logomaquia sin fin.

En efecto, las explicaciones propuestas acerca de qué se entiende por religión son innumerables y controvertidas. A mi entender, será preferible el enfoque teórico más objetivo, el que se atiene al análisis histórico, sistemático y crítico. Por esta razón tomaré como punto de partida la teoría de la religión que propone el exegeta alemán Gerd Theissen. ¿Qué entender por religión? Concisamente: «Religión es un sistema cultural de signos que promete una mejora de la vida en consonancia con una realidad última» (Theissen 2000: 15). En este sentido, todo sistema religioso, como *sistema objetivo de signos*, ofrece una interpretación del mundo y favorece la transformación del mundo. Aunque no modifica la realidad natural de la manera como lo hace la intervención técnica, sí la modifica indirectamente mediante la producción de relaciones semióticas que guían o inspiran el comportamiento:

«Tales signos y sistemas de signos no modifican la realidad designada, sino nuestra conducta cognitiva, emocional y pragmática con ella: dirigen la atención, organizan las impresiones en contextos y ayudan a las acciones. Solo podemos vivir y respirar en el mundo así interpretado» (Theissen 2000: 16).

Lo específico de la religión, en cuanto sistema semiótico, radica en la combinación de tres «formas expresivas», en palabras de Theissen, que son el mito, el rito y la ética. El *mito* proporciona una visión del mundo y de la vida en forma de narración. Equivale a lo «pensado», que aporta una conceptualización del mundo, del hombre y de lo divino. El *rito* representa en forma simbólica esquemas de conducta que están cargados de sentido, a los que el creyente se adhiere emocionalmente. Se trata de lo «vivido», que induce una experiencia subjetiva de lo narrado en el mito. Y el *ethos* compendia valores morales y normas prácticas que rigen la actuación personal y social. Es lo «actuado», que plasma en los hechos la modelización pensada y vivida. También se podría decir que, en cierta manera, el mito, el rito y el *ethos* corresponden respectivamente a los planos de lo imaginario, lo simbólico y lo empírico.

Conforme a esta propuesta de Theissen, la religión como lenguaje de signos no solo posee un carácter semiótico, sino también sistemático. Cuenta con una serie de elementos significativos específicos (léxico) y unas reglas de organización, de conexión positiva o negativa (sintaxis, gramática). Así, cada sistema religioso, sistema de significación, está estructurado con un núcleo duro, que consta de unos *axiomas fundamentales*, y luego, como en órbita, numerosos *temas principales*, íntimamente vinculados con tales axiomas y, más en la periferia, otros temas secundarios.

CAPÍTULO 2

FUENTES CANÓNICAS COMPARADAS

Todas las grandes tradiciones religiosas cuentan con unas *fuentes documentales escritas*, unos textos canónicos que se consideran «sagrados» de alguna manera (como revelados, o inspirados; en ocasiones, como racionales, científicos, etc.). Estas escrituras suelen estar vinculadas, directa o indirectamente, con el personaje fundador y sirven de fundamento al sistema de creencias que se vuelven preceptivas y normativas para los seguidores.

Los textos canónicos, fundamentales y autoritativos, son, respectivamente, para los musulmanes el *Corán* y para los cristianos el *Nuevo testamento*. No se trata de escrituras completamente extrañas entre sí, porque el islamismo tomó numerosos elementos procedentes del judaísmo y del cristianismo. La razón está en que el islam se originó a partir de la secta judeocristiana de los nazarenos, para luego evolucionar hasta diferenciarse y autonomizarse como otra religión.

2.1. EL NUEVO TESTAMENTO

La religión cristiana no dispone de un único libro sagrado, sino de una pluralidad de documentos que remiten a la persona de Jesús y su misterio. Aunque a veces se habla del «Evangelio» en singular, no se trata de un libro unitario, puesto que los textos que componen el Nuevo testamento forman una colección de 27 escritos, con autores diferentes y extensión variable. En total son 171 capítulos, que suman 7.958 versículos. Cronológicamente, se escribieron entre el año 51 (epístola de Pablo a los Tesalonicenses) y alrededor del año 100 (primera epístola de

Juan). Existen buenas traducciones, pero, cada vez que nos surja una duda razonable sobre la traducción manejada, está al alcance consultar la edición crítica griega, dotada de un exhaustivo aparato crítico (la de Nestle-Aland, o la de Merk). Además del Nuevo testamento, la Iglesia cristiana acepta y conserva como propia la Biblia hebrea, denominada Antiguo testamento entre los cristianos.

2.2. EL LIBRO DEL CORÁN

La religión islámica considera como revelado el libro del Corán. Este libro consta de 114 capítulos, con un total de 6.236 versículos en su edición más utilizada. El texto dedica gran cantidad de pasajes a profetas anteriores a Mahoma, algunos nabateos y la mayoría hebreos, de los que da una versión abreviada y peculiar, si la cotejamos con los pasajes bíblicos correspondientes, que son anteriores en más de un milenio. Es típico del Corán presentar a los profetas bíblicos como si se tratara de musulmanes, y así se apropia de ellos, al tiempo que rechaza la Biblia hebrea y el «Evangelio» cristiano.

El Corán hoy conocido es resultado de un largo proceso de composición en el que se recopilaron materiales heteróclitos, se descartaron otras versiones y se añadieron interpolaciones, todo ello bajo la supervisión del poder califal. Según los especialistas, su forma actual básica la habría adquirido durante el reinado de Adb Al-Malik (685-705), y su forma definitiva en el primer tercio del siglo IX. Hasta hoy, no existe aún una edición crítica del Corán, que discierna y recoja todas las variantes. En la práctica, se ha convertido en vulgata la edición de El Cairo, publicada en 1924, bajo el patrocinio del rey Fuad de Egipto, aunque hay otras versiones en circulación.

En las citas del Corán aquí, se indicará la referencia a los capítulos con una doble numeración, separada por una barra. Por ejemplo: Corán 113/9,111. La primera cifra remite al orden cronológico del capítulo según Al-Azhar. La segunda señala el número de la sura en el orden tradicional. La numeración de los versículos se atiene a la edición de El Cairo, la más utilizada en la actualidad.

2.3. EL PROCEDIMIENTO DE LA COMPARACIÓN

Las narraciones de los textos canónicos, sean los cristianos o los islámicos, no constituyen documentos históricos, sino más bien doctrinales. Además, cuando se redactaron, aún no existía la ciencia historiográfica. No obstante, el déficit de historicidad es mucho mayor en el Corán, no solo por su terminación tardía, sino por la gran descontextualización que observamos en él. Apenas se citan lugares geográficos, ni nombres de personas coetáneas, ni siquiera hay una mención auténtica del nombre del profeta, ni un solo nombre de sus compañeros, o de sus esposas. En cualquier caso, tomamos los textos tal como nos han llegado.

Cuando nos disponemos a emprender la comparación, como ya hemos señalado, lo principal es contar con una idea clara del procedimiento que hemos de seguir. No vale cualquier ocurrencia, ni la primera interpretación que nos venga a la mente. El material objeto de estudio se limita estrictamente a los documentos fundamentales de sendas religiones, teniendo en cuenta su textualidad inmediata, pero a la vez, en lo posible, consultando las investigaciones modernas sobre la exégesis de esos documentos: monografías y estudios sobre el Corán y sobre la Biblia, en particular las que se atienen a un enfoque histórico-crítico.

Como también he indicado, la comparación se debe efectuar seleccionando aspectos de cada sistema que sean equiparables. Por ejemplo, la figura del fundador, historias paralelas del relato mítico, símbolos del lenguaje ritual, prácticas éticas y políticas. O más en concreto: la idea de Dios, el personaje de Jesús, el rezo, el tributo, los preceptos de la circuncisión, el velo, los tabúes alimentarios, el código de pureza e impureza, el carácter de la ley, el vínculo entre religión y política, el tipo de matrimonio, el derecho de la mujer, el estatuto de los no musulmanes, la legitimación sagrada de la violencia, etc. Una vez seleccionado un tema o tópico, la primera tarea es recopilar sobre él las citas pertinentes y los argumentos más significativos.

Así, una vez *circunscrito un tema de comparación* determinado, que reúna suficientes condiciones de comparabilidad, el conocimiento posible del contexto histórico, junto al análisis estructural y semántico de los textos concernientes al tema, llevarán a ir decantando los significados más generales y los principios de interpretación adecuados. La comparación, con toda probabilidad, sacará a la luz semejanzas y diferencias, así como la filosofía y la teología subyacentes a cada sistema estudiado.

Si el análisis está bien fundamentado, los resultados básicos deberían ser reconocidos y suscritos por cualquier investigador que busque la objetividad. Lamentablemente, por lo general, la mayoría de las conclusiones suelen ser rechazadas y atacadas por los eruditos musulmanes, debido al atasco intelectual en que anda sumido el mundo del islam. Su repulsa es muy grande no solo en relación con el cristianismo, sino en general con respecto a la modernidad. Este impedimento cognitivo de raíz cultural y religiosa implica una cerrazón que prácticamente imposibilita todo estudio serio. Los obstáculos más destacables son estos:

— El tabú sobre la interpretación racional del texto «sagrado», lo cual proscribe todo análisis crítico, histórico y científico del Corán.

— El rechazo de la filosofía, lo cual obstaculiza toda crítica argumentativa.

— La negación radical de la libertad de conciencia y la libertad religiosa, lo cual prohíbe al musulmán renegar de la religión o cambiar de religión bajo amenaza de pena capital.

— La sacralización de la Ley islámica, lo cual impide el reconocimiento de los derechos humanos y las libertades individuales, al afirmar que solo Dios tiene derechos, que la revelación es el fundamento del derecho, o que todo derecho deriva únicamente del hecho de ser musulmán.

CAPÍTULO 3

NÚCLEO DE LOS AXIOMAS FUNDAMENTALES

Todo sistema religioso o ideológico se organiza alrededor de un núcleo duro, constituido por unos pocos axiomas que se asumen sin discusión. Como tales axiomas, son admitidos sin demostración, y sobre ellos está fundamentado todo el edificio de las creencias y las prácticas. Para los creyentes constituye, de manera tácita o expresa, un foco de verdades absolutas y autoevidentes, que no admiten cuestionamiento alguno. El primero de los axiomas, el monoteísmo, sería el más concordante en última instancia, por cuanto tiene su fuente en la tradición hebrea, pero luego fue pensado de modo tan divergente que dio lugar a dos religiones distintas: el cristianismo y el islamismo.

3.1. LOS AXIOMAS FUNDAMENTALES DEL CRISTIANISMO

El cristianismo, surgido como movimiento de renovación en el seno de la religión hebrea, en la época del Segundo Templo, asume íntegramente el monoteísmo, pero se centra en la figura de Jesús como Cristo y en su Espíritu, y se desvincula de muchos preceptos de la Ley de Moisés (la Torá). En su axiomática incluye:

1º. El monoteísmo, recibido de la religión hebrea, la creencia en un solo Dios creador y concebido como Dios Padre.

2º. La fe en Jesús como Cristo, Hijo de Dios que promueve el Reino de Dios y envía a predicar a sus apóstoles, que dan origen a la Iglesia.

3º. La acción práctica está movida, más que por una ley escrita, por el Espíritu santo que se infunde a los creyentes y los guía a la verdad y la salvación. Es una ética que da primacía al amor a Dios y al prójimo.

3.2. LOS AXIOMAS FUNDAMENTALES DEL ISLAMISMO

El núcleo duro del sistema islámico posee unas verdades axiomáticas fundamentales que rigen sobre todas las demás. También provienen de la tradición monoteísta hebraica, recibida a través de la secta judeocristiana o nazarena, y reinterpretada por el islam, que la asocia con la figura de Mahoma. La axiomática islámica incluye:

1º. El monoteísmo, es decir, la fe en la unidad y unicidad de Dios creador, absolutamente trascendente y sin compromiso con la humanidad.

2º. La intermediación de Mahoma, como enviado y profeta, transmisor de la revelación divina, recogida literalmente en el Corán.

3º. El sometimiento en la acción a las normas coránicas, entendidas como mandato de Dios, como ley inmutable, que los creyentes deben observar e imponer por la fuerza. Una ética que demanda temor a Dios y odio a los infieles.

La importancia de los axiomas o postulados sagrados últimos es determinante, pues son ellos los que controlan y rigen el grado de verdad, validez y santidad de todos los temas que conforman el sistema religioso respectivo. A su vez, la aceptación de los axiomas por parte de la comunidad dependerá de la coherencia y el buen funcionamiento de los «temas» en la vida real. Una crisis profunda en estos podría acabar afectando a aquellos. Otro aspecto de la importancia de los axiomas radica en que imprimen en las mentes de los creyentes un mecanismo que opera secretamente, estructura la interpretación de la realidad, orienta las respuestas emocionales y legitima los comportamientos, antes incluso de pensarlo conscientemente.

Las referencias textuales en apoyo de la formulación de los axiomas que acabamos de enunciar se encontrarán ampliamente a lo largo de los temas que a continuación analizaremos.

CAPÍTULO 4

COMPARACIÓN DE TEMAS CON SENTIDO MÍTICO

Los temas desarrollados en torno al núcleo de axiomas fundamentales son muy numerosos. Los que he seleccionado como más representativos los expondré agrupados en torno a cada una de las tres formas expresivas características del sistema y el lenguaje religioso: el mito, el rito y el *ethos*. Constituyen tres modos de codificación del mensaje, con su significado específico, que se interrelacionan y se refuerzan recíprocamente.

En primer lugar, la forma expresiva del mito, característica de todo lenguaje religioso, ha de entenderse en el sentido de un gran relato fundamental. El carácter mítico de la narración está presente, de hecho, en toda *visión del mundo*, de la humanidad y su historia. Por su propia naturaleza, este tipo de visión trasciende el conocimiento científico y el saber empírico ordinario. Supone siempre una interpretación más o menos sistemática, a la luz de los axiomas fundamentales correspondientes, que a su vez se expresan a través de ella. En las religiones complejas, la codificación mítica no se da como pura mitología desconectada de la historia, sino que mezcla historia y mito en diversos grados. De esta manera, se produce una mitificación de la historia y una historización del mito. La cosmovisión mitologizada se formula y se transmite mediante mensajes codificados en un género narrativo, predominantemente en un lenguaje propio de la mitología, pero que puede ser también el de la filosofía, o el de la teología; o bien en una combinación de ellos.

En el fondo, todo sistema religioso implica alguna filosofía, más o menos latente, en su visión del mundo, en su concepción del tiempo, del orden social y del ser humano. Siempre hay una cierta filosofía subyacente al credo, aunque, en este, el pensar filosófico suele presentarse con características de dogma.

21

Entre los principales temas que articulan la concepción última de la realidad, narrados en la historia sagrada y con rasgos míticos o metafísicos, hemos seleccionado y vamos a desarrollar: el tema de la revelación; el tema de Dios; el tema de Abrahán; el tema de Moisés; el tema de María; el tema de Jesús; y el tema de Mahoma.

4.1. EL TEMA DE LA REVELACIÓN

El concepto de *revelación* tiene que ver con la idea de que Dios, trascendente, se comunique con la humanidad, o haga llegar un mensaje suyo por medio de algún sabio, místico o profeta. Las religiones organizadas, en especial las monoteístas, consideran que sus escrituras o libros sagrados contienen verdades reveladas. Pero no hay una única manera de entender cómo procede en concreto la revelación.

Según el Nuevo testamento

En el cristianismo, los escritos neotestamentarios son obra de diferentes autores con sus nombres propios. Por consiguiente, el autor de cada escrito es siempre humano y el carácter de «revelación» significa solamente que cuenta con cierta inspiración divina. Lo cual no impide que a veces puedan ser, en parte, textos circunstanciales, y que contengan incluso afirmaciones o datos erróneos.

Lo que el cristiano cree que constituye la plena revelación de Dios es la persona de Jesús, como Hijo de Dios, como Mesías, que puso en marcha el reino de Dios con sus enseñanzas y sus hechos, con su muerte y resurrección.

El mensaje de Jesús presenta una llamada a la conversión, apelando a la libertad personal, y sus exigencias tienden más bien a relativizar los mandatos legalistas, aunque se trate de la Ley de Moisés, en función de valores éticos supremos:

«'Maestro, ¿cuál es el mandamiento principal de la Ley?' Él le contestó: 'Amarás al Señor tu Dios, con todo tu corazón, con toda tu alma y con toda tu mente. Este es el principal y el primer mandamiento. El segundo es semejante a éste: Amarás a tu prójimo como a ti mismo'» (Mateo 22,36-39).

Para los cristianos, lo que proviene de Dios es Jesús en persona, que se acreditó por la excelencia de sus enseñanzas, por la bondad de sus obras y milagros, por el misterio de su pasión, muerte y resurrección, y por la promesa cumplida del Espíritu. Su legado fundamental no es ningún código legal sacralizador de un orden social, sino que es el Espíritu Santo, el mismo que movía a Jesús, que se comunica al interior de cada persona, primero a los apóstoles, luego a todos los discípulos y, potencialmente, a todos los humanos. Así lo describen, por ejemplo, los siguientes pasajes simbólicos:

«[Jesús] salió del agua y al punto se abrieron los cielos y vio al Espíritu de Dios bajar como paloma y posarse sobre él» (Mateo 3,16).

«Entonces Jesús fue conducido por el Espíritu al desierto» (Mateo 4,1).

«Vieron aparecer unas lenguas como de fuego que se repartían posándose sobre cada uno de ellos. Quedaron todos llenos del Espíritu Santo y empezaron a hablar» (Hechos 2,3-4).

«Derramaré mi Espíritu sobre todo humano. Vuestros hijos y vuestras hijas profetizarán, vuestros jóvenes verán visiones y vuestros ancianos soñarán sueños, y sobre mis siervos y mis siervas derramaré mi Espíritu» (Hechos 2,17-18; cita una profecía de Joel).

En consecuencia, en virtud de la entrega de Jesús, se realiza la salvación. El Nuevo testamento desarrolla un nuevo concepto de la relación con Dios en Cristo y por gracia del Espíritu santo, infundido en la conciencia de los creyentes. El Espíritu «os guiará hasta la verdad plena» (Juan 16,13), para conseguir la «gloriosa libertad de los hijos de Dios» (Romanos 8,21), pues «con esta libertad nos liberó Cristo» (Gálatas 5,1). El apóstol Pablo lo explicita en su epístola a los gálatas:

«Al llegar la plenitud del tiempo, Dios ha enviado a su Hijo, nacido de mujer, nacido bajo la Ley, para que rescatara a quienes estaban bajo la Ley, para que recibiéramos la filiación adoptiva. Y como sois hijos, Dios ha infundido en vuestro interior el Espíritu de su Hijo que clama ¡Abba, Padre! De modo que no eres esclavo, sino hijo; y si hijo, también heredero» (Gálatas 4,4-7).

Para referirse a la revelación, el Corán habla reiteradamente de lo que «desciende» del cielo. Y ¿qué es lo que desciende del cielo? Lo que desciende es un libro. La tesis coránica es que Dios envía a cada nación un profeta (Corán 43/35,24), y a cada profeta le entrega un libro con su ley (Corán 112/5,48). Dios no hace distinción entre unos enviados y otros (Corán 87/ 2,285; 89/3,84; 92/4,152). El mensaje y la ley revelados son siempre idénticos (Corán 43/35,43; 50/17,77; 90/33,38 y 62; 111/ 48,23). Así, Dios entregó la Torá a Moisés (Corán 39/7,145; 39/7,154), el Evangelio a Jesús (Corán 89/3,3; 94/57,27; 112/5,46) y el Corán a Mahoma (Corán 39/7,2; 112/5,43-50), de manera que cada uno confirma lo que había antes de él.

El islamismo sostiene que la autoría del Corán corresponde a Dios mismo, y que el libro es literalmente un texto divino, dictado a través de un ángel. Aduce como prueba la perfección lingüística del texto y su inalterabilidad a lo largo del tiempo. Pero el estudio empírico desmiente estas dos afirmaciones. En realidad, el Corán presenta numerosos errores y variantes; ni siquiera es obra de un solo autor conocido, sino que en su redacción intervinieron muchas manos.

Los musulmanes, sin embargo, consideran que este libro es palabra literal de Dios. Lo más característico de su contenido consiste en postular esa literalidad de lo que hay que creer y obedecer como ley divina, entendida como una colección de preceptos particulares a los que los creyentes han de someterse. El receptor o mediador de esas revelaciones habría sido Mahoma, con quien pretendidamente concluyó toda profecía, idea que deriva de interpretar en tal sentido la expresión «el sello de los profetas» (Corán 90/33,40).

Lo más habitual del Corán, al referirse a sí mismo como revelación, es usar la expresión «descender»: se ve como un escrito que «desciende» del cielo, que Dios hace «descender» sobre el profeta. Las alusiones del Corán referidas a sí mismo, no siempre claras, dicen que es:
– un libro que Dios lo hizo descender (Corán 38/38,29; 39/7,2; 39/ 7,196; 45/20,2; 50/17,82; 55/6,155-156; 64/44,3; 69/18,1; 70/16,64 y 89; 72/14,1; 85/29,47; 87/2,91 y 231; 89/3,7; 92/4,113; 96/3,36; 112/ 5,49 y 101 y 104);

– o un libro que descendió de parte de su Señor (Corán 39/7,3; 51/10,20; 55/6,114; 59/39,55; 87/2,285; 112/5,67-68);
– descendió en el mes de ramadán (Corán 87/2,185);
– es un Corán escrito en árabe (45/20,113; 53/12,2);
– contiene las aleyas o signos de Dios (Corán 49/28,87);
– es un libro que se puede leer (Corán 50/17,93);
– es un libro con la verdad (Corán 50/17,105-106; 58/34,6; 59/39,2; 59/39,41; 62/42,17; 70/16,102; 87/2,176 y 213; 92/4,105; 94/57,16; 96/13,1 y 19; 112/5,83);
– es un libro con el recuerdo (Corán 38/38,8; 54/15,6 y 9; 59/39,23; 70/16,44; 3/21,10 y 50; 85/29,51; 99/65,10);
– un libro que confirma lo que había antes de él (Corán 55/6,92; 66/46,30; 87/2,41 y 97 y 136; 89/3,3; 92/4,47 y 60 y 136 y 162; 112/5,48 y 59).

Aunque se suele mencionar como un *libro* que Dios hace descender, otras veces se dice que descienden aleyas o versículos sueltos, o bien una sura o capítulo, dictados en distintas circunstancias (Corán 50/17,106; 70/16,101; 87/2,99; 94/57,9; 98/76,23; 102/24,1 y 34 y 46; 103/22,16; 105/58,5; 113/9,86 y 124 y 127).

La misma expresión del «descenso» se usa a propósito de otras comunicaciones atribuidas a Dios: hizo descender el libro de Moisés, la Torá (Corán 55/6,91; 112/5,44), la Torá y el Evangelio (Corán 89/3,3 y 65 y 84; 112/5,46-47; 112/5,66). Y de Jesús se afirma que es Palabra de Dios que él hizo descender sobre María (Corán 92/4,171).

La idea islámica afirma que la escritura coránica ha registrado y cerrado para siempre la revelación divina, ya definitiva. Por eso, se exige la *obediencia* a lo que el «enviado» transmite y estipula, y está escrito. Los que ostentan el poder tienen el encargo de hacerlo cumplir. Esta es la única mediación con Dios, no hay ninguna otra verdadera, y tampoco queda espacio para una relación personal con él.

Lo esencial en la religión coránica no radica tanto en profesar una fe interior, sino en asumir un discurso que incita a obedecer bajo amenazas. Basta hacer lo que se manda, con un sometimiento que se manifiesta, como señal visible y pública, en el rezo colectivo (el azalá) y el pago del tributo (el azaque), pero que conlleva además innumerables prescripciones y prohibiciones de todo orden. Lo que se revela es, en definitiva, una *ley*, un código de preceptos que hay que cumplir y hacer cumplir, y los creyentes han de invertir en ello sus personas y sus fortunas (Corán 113/9,88).

La referencia coránica a la revelación que se tiene por la más antigua es: «Lo hicimos descender en la noche del destino» (Corán 25/97,1), pero, según las investigaciones, parece ser que ese verso pertenece a un antiguo himno de Navidad. Otra referencia clave, en el inicio del capítulo titulado *El viaje nocturno*, dice «¡Gloria a quien hizo viajar a su siervo de noche, desde el santuario prohibido al santuario lejano, cuyos alrededores hemos bendecido, para hacerle ver algunos de nuestros signos!» (Corán 50/17,1), pero la forma original de ese versículo, conservada en manuscritos muy antiguos, no alude a Mahoma, sino que narraba la subida de Moisés al monte Sinaí.

Resultado de la comparación

El Corán afirma que Dios envía a cada pueblo un profeta, que cada profeta recibe un libro y que todos los profetas son equiparables y todos los libros revelados traen el mismo mensaje. Esta afirmación no puede ser más gratuita y contrafáctica, dado que es desmentida por otros pasajes coránicos y por los hechos históricos.

Para el islam, lo que se revela es un libro, el Corán, cuyo autor sería Dios, y en él se establece la ley que todo el mundo debe obedecer. El texto de este libro se considera la palabra literal e inalterable de su autor. Pero esta última pretensión colisiona abiertamente con lo que descubren los estudios histórico-críticos sobre el texto, con sus incontables variantes e incorrecciones.

En el cristianismo, por su parte, Dios se revela ante todo en una persona, con su vida y su obra, su crucifixión y resurrección. Dios se manifiesta en Jesús, y asimismo en el don del Espíritu santo que habita en el interior de los creyentes. Los documentos del Nuevo testamento no son palabra literal de Dios, sino palabras humanas de distintos autores que transmiten por escrito la tradición de Jesús, y la Iglesia los considera inspirados. Por lo tanto, en el cristianismo, la revelación precede y excede a la escritura.

Esta notable diferencia fundamenta visiones muy diferentes acerca de la revelación, donde se da una oposición determinante entre el espíritu y la letra, entre la fe en la manifestación viva de Dios y la cosificación de su palabra en un escrito sacralizado.

4.2. EL TEMA DE DIOS

En todo sistema religioso encontramos la referencia a un postulado sagrado último. Sobre todo las religiones que creen en el carácter personal de ese referente, lo denominan Dios y lo caracterizan primordialmente como creador del universo. No obstante, hay muy distintas maneras de concebir cómo es su esencia, su carácter y su relación con los seres humanos.

Según el Nuevo testamento

En el conjunto del Nuevo testamento, los principales términos con los que se designa a Dios son: «Dios», unas 1.000 veces. «Señor», 650 (pero referido tanto a Dios como a Jesús). «Padre», 266 veces (de ellas, «Dios Padre» 15 veces). «Espíritu» 230 veces (de las cuales «Espíritu Santo» 92 veces, y «Espíritu de Dios» 14 veces). Es característico de Jesús llamar a Dios «Padre», lo que implica una imagen benevolente de Dios que ama a todas sus criaturas y cuida de ellas.

La promesa de Dios, renovada a toda persona humana, ofrece formar parte de su reino y la vida eterna. La voz «Reino» aparece 138 veces. «Vida eterna», 43 veces. «Paraíso», 3 veces. Aunque también se hace referencia, en pocas ocasiones, a la amenaza de punición divina: «Castigo», 6 veces. «Fuego», 20 veces. «Infierno» o gehena, 11 veces.

En los Evangelios, se describen muy pocas teofanías, siempre en relatos de tipo simbólico:

«Tú eres mi Hijo querido, mi predilecto» (Marcos 1,11, en el bautismo de Jesús).

«Este es mi Hijo querido, escuchadlo» (Marcos 9,7, en la transfiguración).

Destacan algunos pasajes donde se significa gráficamente la característica imagen cristiana de Dios benevolente hacia todos e indulgente con el arrepentido:

«Vuestro Padre del cielo, que hace salir su sol sobre malos y buenos, y hace llover sobre justos e injustos» (Mateo 5,45).

Aún más expresiva es la conocida parábola del hijo pródigo (Lucas 15,11-32).

Otros escritos neotestamentarios expresan elocuentemente la relación paternal y la filiación liberadora que Dios ofrece, como resume el apóstol Pablo:

«Cuantos se dejan llevar del Espíritu de Dios son hijos de Dios. Y no habéis recibido un espíritu de esclavos, para recaer en el temor, sino un espíritu de hijos que nos permite clamar *Abba*» (Romanos 8,14-15).

Según el Corán

La creencia monoteísta en la unidad y unicidad de Dios la adopta el Corán de la tradición judía. En efecto, hace constantes referencias al libro de Moisés y a personajes y profetas bíblicos, y también múltiples alusiones a pasajes de la literatura judía y cristiana.

La teología coránica no solo presenta un Dios uno y único, creador de cielos y tierra, sino que insiste en representarlo como amo todopoderoso, que mira a los hombres como esclavos y les demanda sumisión absoluta.

«Todos los que están en el cielo y en la tierra van ante el clemente como siervos» (Corán 44/19,93).

Aunque la extensión del texto del Corán es un 28% menor que la del Nuevo testamento, las menciones de Dios que contiene son mucho más numerosas y repetitivas. Si realizamos búsquedas en el texto, los términos utilizados para designarlo los podemos resumir estadísticamente así: «Dios», 3.100 veces. «Señor», 1.000 veces. «No hay más dios que Dios», 34 veces. «Espíritu» de Dios, o enviado por él, 20 veces (de ellas «Espíritu santo», 4 veces). Pero una vez se llama «espíritu» de Dios a Jesús (Corán 92/4,171). Nunca se designa a Dios como «Padre», pues rechaza expresamente esa idea.

La exégesis musulmana pretende que Dios es el sujeto hablante de todos los versículos del Corán. Pero poner todos los versículos en su boca resulta extraño, por ejemplo, cuando el texto habla de Dios en tercera persona. Esta anomalía intentaron corregirla, tardíamente, de manera un tanto forzada, anteponiendo al versículo la expresión «Di:», sin lograr coherencia en todos los casos. En líneas generales, aparte de las narraciones, las diatribas y los mandatos, la acción divina suele describirse como implacable. Aunque se repite a menudo que Dios es misericordioso y perdonador, también se dice que solo perdona estrictamente a quien él quiere, y solo se afirma que ha perdonado en muy pocos casos. En el presente y en el futuro, Dios sanciona con premios en la tierra y en el paraíso, pero, sobre todo, con castigos tremendos, a su entero arbitrio. Por encima de todo, se afirma que Dios hace su santa voluntad en cada instante, sin compromiso alguno:

«Dios hace lo que él desea» (Corán 72/14,27; 89/3,40; 103/22,18).

«Dios hace lo que él quiere» (Corán 87/2,254; 103/22,14).

«Dios perdona a quien él quiere y castiga a quien él quiere» (Corán 87/2,284; repetido en 89/3,129; 111/48,14; 112/5,18; 112/5,40).

«La gracia está en la mano de Dios y la da a quien él quiere» (Corán 89/3,73).

Encontramos bastantes alusiones al premio y al castigo. El paraíso aparece con frecuencia, pero las amenazantes referencias al castigo son numerosísimas:

– Dios premia con la victoria y el «botín», 10 veces (todas mediníes); premia con el «paraíso», 139 veces.

– Dios «castiga», 415 veces. De ellas, con un «castigo terrible», 12 veces; con un «castigo doloroso», 62 veces; con el «infierno» o la gehena, 121 veces; con el «fuego», 182 veces; de ellas con el «fuego de la gehena», 26 veces.

La actitud y el comportamiento que se manda a los humanos ante Dios, como su Señor y Amo, debe ser con temor y estricta obediencia: el «temor» a Dios se menciona 350 veces. Porque «Sabed que no hay más dios que yo. Temedme, pues» (Corán 70/16,2).

La mención de la obediencia o la desobediencia aparece en unas 120 ocasiones. Se ordena obedecer y no hacerlo se juzga como un delito y un pecado merecedor de castigo. En concreto, «obedecer a Dios», 33 veces; «obedecer a Dios y a su enviado», 33 veces. Porque «quien obedece al enviado ha obedecido a Dios» (Corán 92/4,80).

Por contraste, el tema del amor a Dios brilla por su completa ausencia. Prácticamente no existe la expresión «amor a Dios», ni «amar a Dios». Solamente hay dos ocasiones en que se habla de «amor» dirigido hacia Dios, en estos versículos:

«Los que han creído son más fuertes en el amor de Dios» (Corán 87/2,165).

«Di: Si amáis a Dios, seguidme, Dios os amará y os perdonará vuestras faltas» (Corán 89/3,31).

En cuanto al amor procedente de Dios hacia el hombre, las alusiones son pocas, pero significativas, siempre vinculadas al cumplimiento de lo mandado:

– [Dios] «es amante», 2 veces en suras tempranas (Corán 27/85,14 y 52/ 11,90).

– «Dios ama»: 17 veces, todas en capítulos posteriores a la hégira. En concreto: Dios ama a los que obran bien (5 veces); a los que se arrepienten; a los que se purifican; a los que lo temen; a los que aguantan; a los que confían; y a los equitativos.

En conjunto, el tema del amor procedente de Dios o dirigido hacia Dios resulta más bien marginal e irrelevante en el Corán. Porque lo que el propio Dios pide no es amor, sino obediencia. De las diecisiete incidencias de la frase «Dios ama», en quince se da como una especie de muletilla. En las otras dos, más bien excepcionales, el mensaje resulta simple y claro: que Dios ama solo a los que obran bien; y por obrar bien se entiende cumplir lo mandado y, más explícitamente, comprometerse en la yihad:

«A quienes han creído y han obrado bien el compasivo los colmará de amor» (Corán 44/19,96).

«Dios ama a los que combaten en su camino, en fila, como si fueran un edificio compacto» (Corán 109/61,4).

Por el contrario, la afirmación en forma negativa, es decir, que Dios *no ama*, se encuentra bastante más explícita. Dios no ama a quienes no creen, a quienes no lo temen, a quienes lo desobedecen. Sirvan de ejemplo las siguientes citas:

«¡Que perezca el humano! ¡Que es un descreído!» (Corán 24/80,17).

«Dios no ama a los inmoderados» (Corán 39/7,31; 55/6,141).

«Dios no ama a los alborozados» (Corán 49/28,76).

«Dios no ama a los corruptores» (Corán 49/28,77; 112/5,64).

«Dios no ama a ningún presuntuoso, arrogante» (Corán 57/31,18; 94/57,23).

«Dios no ama a los engreídos» (Corán 70/16,23).

«Dios no ama a los transgresores» (Corán 87/2,190; 112/5,87).

«Dios no ama a ningún descreído, pecador» (Corán 87/2,276; 89/3,32).

«Dios no ama a los opresores» (Corán 89/3,57).

«Dios no ama al traidor, pecador» (Corán 92/4,107; 103/22,38).

Uno de los rasgos más representativos de la imagen islámica de Dios radica en la cólera y la repulsa contra aquellos que el Corán acusa de descreídos o «infieles», los que se niegan a creer y los que dejan de creer, los mismos que son merecedores de los más crueles tormentos. Porque:

«Dios no ama a los infieles» (Corán 84/30,45; 89/3,32).

«Quien no crea en Dios después de haber creído (…), el que abre su pecho a la increencia, la ira de Dios caerá sobre ellos. Y tendrán un castigo terrible» (Corán 70/16,106).

«No seáis como esos que, después de haber recibido las pruebas, se separaron y discreparon. Esos tendrán un castigo terrible» (Corán 89/3,105).

Encontramos otro rasgo extraño en la imagen coránica de Dios en el hecho de que, al principio de varias suras, aparece Dios profiriendo sonoros juramentos por distintos fenómenos de la creación, o por elementos sagrados de la tradición judía. En orden cronológico, son:

«¡Por la noche cuando cubre! ¡Por el día cuando se manifiesta! ¡Por lo que ha creado, el macho y la hembra!» (Corán 9/92,1-3).

«¡Por el tiempo!» (Corán 13/103,1).

«¡Por el astro, cuando declina!» (Corán 23/53,1).

«¡Por el sol y su plenitud! ¡Por la luna cuando lo sigue! ¡Por el día cuando lo manifiesta! ¡Por la noche cuando lo cubre! ¡Por el cielo y quien lo edificó! ¡Por la tierra y quien la aplanó! ¡Por el alma y quien la formó!» (Corán 26/91,1-7).

«¡Por las higueras y los olivos! ¡Por el monte Sinaí! ¡Por esta comarca segura!» (Corán 28/95,1-3).

«¡Por el pacto de los curaisíes!» (Corán 29/106,1).

«¡Por el monte! ¡Por un Libro escrito en pergamino desenrollado! ¡Por el templo visitado! ¡Por la bóveda elevada! ¡Por el mar embravecido! El castigo de tu Señor caerá» (Corán 76/52,1-7).

Estos juramentos puestos en boca de Dios pertenecen todos a capítulos catalogados como del primer período de La Meca. Quizá reflejen invocaciones mágicas o fórmulas de conjuro tomadas de tradiciones pre-islámicas, en cualquier caso poco congruentes con el monoteísmo. Como mínimo, parece poco adecuado que Dios jure por su creación, evidentemente inferior a él. O acaso no sea Dios el sujeto que habla, en contra de lo que sostiene la exégesis musulmana.

Resultado de la comparación

En el Corán, la idea prevalente es la de Dios como Amo, como voluntad absoluta que quedó registrada literalmente en el texto. Los Evangelios, en cambio, se singularizan por la idea de Dios como Padre, que ama al mundo, quiere salvarlo y se manifiesta en su Hijo.

El Dios islámico se describe como creador arbitrario, que lo determina todo conforme a su voluntad en cada momento, sin atenerse más que a lo que él quiere. Por el contrario, el Dios cristiano aparece como creador racional, cuyo «logos» o sabiduría ha creado el mundo y al hombre. Y es fiel a su alianza y su promesa de salvación.

El Corán exige a los creyentes musulmanes el temor a Dios, como actitud fundamental. En los Evangelios, la actitud primordial de los creyentes ha de ser el amor a Dios, un amor que echa fuera el temor, porque confía en la paternidad, la amistad y el perdón divino al pecador arrepentido.

Con respecto a los juramentos que el Corán pone en boca de Dios, observamos un contraste literal con el Evangelio según Mateo, cuando recoge estas enseñanzas de Jesús:

«No juréis de ninguna manera: ni por el cielo, porque sea el trono de Dios; ni por la tierra, porque sea el escabel de sus pies; ni por Jerusalén, porque sea la ciudad del gran Rey. No jures tampoco por tu cabeza… Que vuestro sí sea un sí, y vuestro no un no» (Mateo 5,34-37).

Por más que el islamismo comparta, en términos abstractos, la fe monoteísta del judaísmo y el cristianismo, queda patente que no ofrece la misma imagen o idea de Dios. Resulta erróneo afirmar que es la misma la idea de Dios que comunica Jesús y la que comunica Mahoma. ¿Cuál es más verdadera? Es evidente que cae fuera de nuestro alcance humano verificar empíricamente la realidad divina en sí misma. Pero tenemos a nuestro alcance analizar las distintas concepciones de Dios, tal como las encontramos formuladas en los textos canónicos de cada tradición, como expresión de las respectivas creencias. Por tanto, la cuestión significativa no es tanto la afirmación de monoteísmo, sino discernir cuál es la teología que se expone en cada caso y cuáles son sus consecuencias.

Los significados analizados nos llevan a concluir que, para el Corán no se trata tanto de *creer* en Dios y confiar en él, sino de *temer* a Dios en una *umma* (sociedad) que hace sumisamente lo que dice que manda. Esto fundamenta la teología del Dios Amo, que reclama servidumbre a la Ley coránica y al poder califal. En oposición, la teología cristiana del Dios Padre da prioridad a su Espíritu, que va guiando a la Iglesia para promover la vida, la verdad, la justicia, la libertad, la paz... En el fondo, estas diferencias significan e implican un enfrentamiento antagónico entre una filosofía del poder teocrático y una filosofía de la libertad.

Con el islam, en suma, el monoteísmo se convirtió en mahometismo. La religión de Mahoma, aunque heredó el monoteísmo de una tradición judeocristiana, le confirió como rasgo original la normalización del sometimiento por la fuerza a la religión, identificada con el poder político, al tiempo que normalizó la sacralización del odio a los no creyentes y la legitimación del expolio de sus bienes, sus tierras y su libertad.

4.3. EL TEMA DE ABRAHÁN

La importancia de la figura de Abrahán se asienta en el libro del Génesis, donde, al relatar la historia remota del pueblo hebreo, se remonta hasta este personaje (siglo XVIII a. C.), y lo considera su antepasado originario, el gran patriarca, el hombre que creyó en Dios. En virtud de su fe, Dios estableció una alianza con él, y le otorgó una promesa de bendición perpetua para él y su descendencia. La Biblia va describiendo la genealogía de Abrahán, Isaac y Jacob (o Israel), de cuyos doce hijos descenderían las doce tribus de Israel.

En el Nuevo testamento, por su parte, la figura de Abrahán es reinterpretada, sobre todo por el apóstol Pablo, en un sentido universalista, no como padre «según la carne», sino como padre simbólico de todos los creyentes, «según la fe». Siglos más tarde, el Corán se aventura en una diferente interpretación de Abrahán como antepasado de los árabes, a través de Ismael, el hijo de su esclava, y así se retrotrae a una concepción del pueblo elegido según la genealogía de la carne y la sangre.

Según el Nuevo testamento

El cristianismo recibe como propia la Biblia hebrea y a partir de ella desarrolla su visión universalista de la salvación. El *Génesis* narra la historia de Abrahán. Nos refiere que Dios hizo una alianza con él y con su descendencia. Luego, en señal de esta alianza, le mandó que en adelante se circuncidaran todos los varones (Génesis 17,10-14). Y así lo hizo Abrahán, comenzando por sí mismo (Génesis 17,23-24). En el capítulo 22, se relata el sacrificio de su hijo Isaac, no consumado, en un monte del país de Moria. Entonces, el Señor reafirmó su promesa de bendición en favor de su descendencia, una promesa que se ampliaría a todos los pueblos de la tierra (cfr. Génesis 22,1-18).

La figura de Abrahán tiene importancia capital en el Nuevo testamento. Se habla de los «hijos de Abrahán» y la «fe de Abrahán», evocando la genealogía del pueblo elegido: «El Dios de Abrahán, de Isaac y de Jacob, el Dios de nuestros padres» (Hechos 3,13).

En sentido general, ser «hijo de Abrahán» significaba a la vez tanto la pertenencia al pueblo judío como la verdadera fe en Dios. Pero los Evangelios plantearon una crítica a esa concepción tradicional. Ya Juan Bautista advertía a la gente que acudía para bautizarse que no bastaba con ser descendiente de Abrahán:

«Dad frutos dignos de conversión, y no andéis diciendo en vuestro interior: 'Tenemos por padre a Abrahán'. Porque os digo que Dios puede sacar de estas piedras hijos de Abrahán (Lucas 3,8; igual Mateo 3,8-9).

Jesús, mientras enseñaba en el templo, amonestó a los judíos:

«Ellos le contestaron: 'Nuestro padre es Abrahán'. Jesús dijo: 'Si sois hijos de Abrahán, haced las obras de Abrahán'» (Juan 8,39).

En la carta a los romanos, el apóstol Pablo establece una distinción entre Abrahán como «padre según la carne» (Romanos 4,1) y Abrahán en cuanto creyente, que fue justificado por la fe, aun antes de estar circuncidado:

«Entonces, ¿esta bienaventuranza vale solo para los circuncisos o también para los incircuncisos? Hemos dicho, en efecto, que a Abrahán la fe se le imputó como justicia. Y ¿cómo le fue imputada? ¿estando él circuncidado o antes de estarlo? No estando circuncidado, sino antes; y recibió la señal de la circuncisión como sello de la justicia de la fe que tuvo sin estar circuncidado. Así se constituyó en padre de todos, los incircuncisos que creen y se les imputa como justicia, y también en padre de los circuncidados» (Romanos 4,9-12).

El cristianismo interpretó el significado de la figura de Abrahán en el sentido de que basta la fe en Dios para ser reconocido «hijo de Abrahán», y así la promesa divina está abierta a toda la humanidad, para todo el que crea, y no es solo para el pueblo judío y los que están bajo la Ley.

La epístola a los gálatas argumenta recordando que, en la alianza con Abrahán, Dios prometió la bendición para los creyentes de todos los pueblos: «Entended, pues, que los que viven de la fe, esos son los hijos de Abrahán» (Gálatas 3,7). De modo que los verdaderos hijos de Abrahán están libres de la circuncisión y de la Ley, y dan preeminencia de una disposición interna respecto a Dios.

Según el Corán

Es significativo que el apóstol Pablo nunca sea citado por su nombre en el Corán y, sin embargo, hay una polémica soterrada con él en muchos aspectos. Uno de ellos es el que tiene que ver con Abrahán.

El Corán relata la profesión de fe de Abrahán (Corán 47/26,69-89). Remite a episodios del Abrahán bíblico (Corán 67/51,24-37 ofrece un resumen de Génesis 18,2-33 y 19,1-29). Pero añade historias que no están en la Biblia. Y, en particular, trastoca insidiosamente la perícopa que cuenta el sacrificio del hijo.

La interpretación coránica lleva a cabo una arabización e islamización de Abrahán, de modo que no solo lo presenta como antepasado de los árabes, por la línea de su hijo Ismael, sino que lo califica de musulmán. A través de esta progenie se habría conservado la verdadera fe monoteísta, al margen del judaísmo, que discurre por el linaje de Isaac, Jacob y Moisés.

Para la tradición musulmana «da religión de Abrahán» (citada 7 veces) sería anterior y superior a la Biblia, y sería la única religión recta, de la que procede la religión de Mahoma, propia de los árabes, supuestos descendientes de Ismael. Sin embargo, esta pretensión de enlazar directamente con Abrahán y detentar la única religión verdadera choca con otros pasajes del propio Corán, donde se exalta la Torá y el Evangelio. Además, es sintomático que, en el conjunto del Corán, destaque mucho más el personaje de Moisés, cuyo nombre aparece el doble de veces que el de Abrahán (Moisés 137 veces; Abrahán 70).

Podemos recopilar aquí las citas coránicas que aluden a la supuesta religión de Abrahán, cuya significación trataremos de analizar y entender un poco más adelante:

«Mi Señor me ha dirigido por un camino recto, una religión elevada, la religión de Abrahán, el recto. No era de los asociadores» (Corán 55/6,161).

«Luego te revelamos: 'Sigue la religión de Abrahán, que era recto. No era de los asociadores'» (Corán 70/16,123).

«¿Quién desea algo diferente de la religión de Abrahán, sino el insensato?» (Corán 87/2,130).

«Dijeron: 'Sed judíos o nazarenos, y estaréis dirigidos'. Di: '[Seguimos] más bien la religión de Abrahán, un recto'. No era en absoluto de los asociadores» (Corán 87/2,135).

«Abrahán no era judío, ni nazareno, sino que era recto, sumiso. No era en absoluto de los asociadores. Los que prefieren a Abrahán son los que lo han seguido, este profeta y los que han creído» (Corán 89/3,67-68).

«Dios ha sido verídico. Seguid, pues, la religión de Abrahán, un recto. No era en absoluto de los asociadores» (Corán 89/3,95).

«Tenéis un buen modelo en Abrahán y en los que estaban con él» (Corán 91/60,4).

«¿Quién tiene mejor religión que quien somete su faz ante Dios, hace buenas obras, y sigue la religión de Abrahán, que fue recto? Y Dios tomó a Abrahán por amigo» (Corán 92/4:125).

«Seguid la religión de vuestro padre Abrahán (…) Elevad el rezo y dad el tributo» (Corán 103/22,78).

La tradición islámica suele considerar a Abrahán como «musulmán», pero lo hace sobre la base de una traducción anacrónica de *muslim*, término que literalmente solo significa «sumiso» (lo mismo que en Corán 89/3,67). El significado de «musulmán», entendido como miembro de una religión, no apareció hasta la segunda mitad del siglo VIII, y no existe en el Corán, donde se utiliza el calificativo de «creyentes» y no el de «musulmanes».

Tampoco hay ninguna constancia de que Abrahán fundara una religión, ni siquiera teniendo en cuenta lo que encontramos escrito en el mismo Corán, porque lo que en él aparece es una religión que es anterior a Abrahán y posterior a él, en una línea de continuidad en la cual, por cierto, nunca se incluye el nombre de Mahoma:

«Él os ha prescrito como religión lo que había ordenado a Noé, lo que te hemos revelado, así como lo que hemos ordenado a Abrahán, a Moisés y a Jesús» (Corán 62/42,13).

«Hemos creído en Dios, en lo que ha descendido sobre nosotros, lo que ha descendido sobre Abrahán, Ismael, Isaac, Jacob y las Tribus, y lo que fue dado a Moisés, a Jesús y a los profetas, de parte de su Señor. No hacemos ninguna distinción entre unos y otros» (Corán 89/ 3,84).

En alguno de estos sumarios, se puede observar que se ha interpolado el nombre de Ismael, en clara sustitución de Isaac, pues trastoca la línea de sucesión correcta, que sería Abrahán, Isaac y Jacob:

«Te hemos revelado, como hemos revelado a Noé y a los profetas después de él. Y hemos revelado a Abrahán, Ismael, Jacob, las Tribus, Jesús, Job, Jonás, Aarón y Salomón. Y dimos a David los salmos» (Corán 92/4,163).

«Él ha hecho descender sobre ti el libro con la verdad, que confirma lo que está antes de él. Y él ha hecho descender la Torá y el Evangelio» (Corán 89/3,3).

Queda absolutamente patente que la religión contenida en el Corán es la de la Biblia, la de la Torá de Moisés (que se menciona 18 veces) y la del Evangelio de Jesús (se menciona 12 veces), por más que la Torá y el Evangelio se miren desde una perspectiva adaptada a los destinatarios árabes.

En relación con las escrituras sagradas, hay un versículo concreto en el que se entrevé la mano de un redactor tardío que añadió «y el Corán»: «Una verdadera promesa para él, contenida en la Torá, el Evangelio y el Corán» (113/9,111).

Otro dato significativo estriba en la versión coránica del relato bíblico en el que Abrahán va a sacrificar a su hijo: el Corán pone a Ismael en lugar de Isaac. Así se pretende alterar toda la historia sagrada bíblica, al postular una descendencia alternativa a través de Ismael, que suplanta a Isaac y, por tanto, margina a Jacob. Aquí, vemos cómo se vuelve a privilegiar la filiación biológica sobre la espiritual. Y con esta alteración del relato, el pueblo hebreo es desplazado por el pueblo árabe en la categoría de pueblo elegido.

En efecto, según la Biblia, el hijo al que Abrahán se dispone a sacrificar es Isaac (Génesis 22,1-18). En cambio, el Corán cuenta la historia de tal manera que da a entender que quien es conducido al sacrificio es Ismael, el hijo de Agar (Corán 56/37,101-107), puesto que refiere el episodio del sacrificio antes del nacimiento de Isaac, el hijo de Sara (Corán 56/37,112). Asimismo, en varios capítulos poshegíricos, como ya he apuntado, se inserta el nombre de Ismael en la secuencia de los profetas bíblicos: Abrahán, *Ismael*, Isaac, Jacob y las tribus, Moisés y Jesús, Noé, Job, Jonás, Aarón, Salomón, y David (Corán 136 y 140; 89/3,84; 92/4,163-164). Con toda probabilidad, se trata de interpolaciones tardías.

Por lo demás, la llamada «religión de Abrahán» carece de contenido específico. La norma religiosa del Corán, teniendo en cuenta su contenido, reafirma básicamente lo establecido a partir de Moisés, puesto que el sistema islámico requiere la circuncisión (no explícita en el Corán), impone las prohibiciones alimentarias, las normas de pureza ritual y, en general, instaura una ley que representa una adaptación de la Ley mosaica. La fe monoteísta, el rezo, la limosna, el ayuno, la peregrinación y los sacrificios animales son todas instituciones judías. Más aún, al primar la estirpe de Abrahán según la carne, por Ismael y su descendencia, encierra la religión en los moldes particularistas de una religión étnica de los árabes. Por eso, al principio, únicamente luchaban por la conversión al agarenismo (islam) de las tribus árabes. Y de hecho, solo avanzada la época abasí, se permitió a la población no árabe hacerse musulmana.

En fin, el Corán propone a Abrahán como «buen modelo», pero, si observamos que el mismo versículo lo describe en una actitud de tajante intolerancia, comprenderemos la actitud que luego ha servido de pauta a los musulmanes con respecto a los no musulmanes:

«Tenéis un buen modelo en Abrahán y en los que estaban con él, cuando dijeron a sus gentes: 'Nos desentendemos de vosotros y de lo que adoráis fuera de Dios. Renegamos de vosotros. La enemistad y el odio han aparecido entre nosotros y vosotros para siempre, hasta que creáis solo en Dios'» (Corán 91/60,4).

Resultado de la comparación

Los análisis en torno a la caracterización coránica de Abrahán y su descendencia nos han llevado a localizar y desenterrar una serie de mutaciones que han afectado al texto y su significación, dentro de un proceso destinado a consumar la gran sustitución, en la que era necesario justificar la pretendida supremacía árabe/musulmana en el dominio religioso, ya lograda en el político.

El Corán valora y reitera, con variantes, la saga bíblica de los patriarcas y profetas *judíos*: Noé, Abrahán, Lot, Isaac, Ismael, Jacob, José, Moisés, Aarón, David, Salomón, Eliseo, Jonás, Job, Juan Bautista y Jesús. Esto demuestra, a las claras, que lo que luego denomina «religión de Abrahán» y de Ismael no es otra que la religión de los judíos recuperada, sin que el sesgo mahometano que se le imprime consiga ocultarlo.

Además, a diferencia de la Biblia (Génesis 17,10-14), el Corán evita mencionar la alianza de Dios con Abrahán (y la implicación de que Dios no falta a su alianza, idea extraña al islam). De este modo, escamotea la promesa divina a Abrahán, Isaac, Jacob y al pueblo hebreo, con objeto de reconvertirla en una concesión a Abrahán e Ismael, este último pretendido epónimo de los árabes.

Hay otra diferencia crucial entre el Abrahán del Corán y el de las cartas de san Pablo, pues este, mediante la interpretación de Abrahán como padre simbólico de todos los que creen en Dios, defiende la apertura de la fe y la promesa tanto a judíos como a gentiles, a todos los hombres sin distinción de origen. Por el contrario, la elaboración coránica vuelve a dar la mayor importancia a la descendencia «según la carne», reivindicando el privilegio árabe de pertenecer a la progenie de Abrahán a través del linaje de Ismael.

Otro punto discutible es la suposición de que los árabes descienden de Ismael. Por mucho que se les haya denominado «ismaelitas», no hay la menor prueba histórica de tal descendencia, ni en la Biblia, ni fuera de ella. El libro del Génesis lo último que narra acerca de los descendientes de Ismael es que se asentaron cerca de Asiria (Génesis 25,12-18), y no da más información sobre ellos.

La figura del Abrahán coránico se propone como modelo de intolerancia extrema respecto a todos los que no se plieguen al credo muslímico, de donde derivó la legitimación de la violencia contra el infiel.

Al revés del tópico, el Abrahán que aparece en el Corán no constituye ningún paradigma de unión entre las «religiones abrahánicas», ni puede ser ejemplo de entendimiento o tolerancia, puesto que, precisamente en referencia a él, se establece la enemistad y el odio para siempre hacia los judíos y los cristianos.

Ese Abrahán descrito en el Corán, que no era judío, ni nazareno, representa un factor permanente de discordia y enfrentamiento. Para los musulmanes es incuestionable que «la religión de Abrahán» es exclusivamente la de Mahoma, a quien consideran «musulmán». Será necesario desmentir la cantinela de una pretendida coincidencia interreligiosa, como cuando se habla de «los tres monoteísmos», «las tres religiones abrahánicas» o «las tres religiones del libro». Todas estas expresiones son engañosas, porque encubren el mensaje de cada religión, y son dañinas, porque estorban la posibilidad de un verdadero diálogo.

4.4. EL TEMA DE MOISÉS

Aunque hay otros personajes importantes en la tradición religiosa bíblica, como Adán, Noé, Abrahán, Isaac, Jacob, sin embargo, Moisés destaca como el principal en la conformación de la religión hebrea, en cuanto liberador de las tribus, organizador del pueblo elegido y receptor de la Torá entregada por Dios. El cristianismo asumió como propio el legado de la Biblia, si bien Jesús y sus seguidores hicieron una nueva interpretación de lo fundamental de la ley mosaica y los profetas. El islamismo, por su lado, mantuvo gran parte de la herencia religiosa del judaísmo, con sus elementos más arcaicos, en una adaptación para los árabes del personaje de Moisés y de su ley.

Según la Biblia hebrea

Los primeros cinco libros de la Biblia, o Pentateuco, constituyen la Torá, la Ley. También se llaman los libros de Moisés. La historia de Moisés narra su nacimiento en la tribu de Leví, exiliada en Egipto. Cuando el niño nació, su madre lo puso en una cesta a la orilla del río, para salvarlo de la muerte, y allí lo encontró la hija del Faraón (Éxodo 2,1-10).

Cuenta la Biblia que, en el monte Horeb o Sinaí, se le apareció a Moisés el ángel del Señor, el Dios de Abrahán, Isaac y Jacob, y lo envió con la misión de sacar al pueblo de Israel de Egipto (Éxodo 3,1-12). Dios le otorgó poderes para hacer prodigios (Éxodo 4,1-9). Moisés junto con su hermano Aarón se presentaron ante el Faraón y le pidieron que dejara salir a su pueblo para ofrecer culto a Yahveh, su Dios, sin conseguirlo (Éxodo 5,1-9). Entonces anunciaron el castigo de las plagas, que cayeron sobre la sociedad egipcia (Éxodo 6,28 a 12,34), hasta que finalmente el Faraón cedió (Éxodo 12,31-32). Los israelitas partieron, «unos seiscientos mil hombres de a pie, sin contar los niños» (Éxodo 12,37). Pero, poco después, los egipcios salieron en su persecución (Éxodo 14,5-14). Moisés y su pueblo atravesaron el mar Rojo, donde pereció el Faraón con todo su ejército (Éxodo 14,15-31).

Durante la larga marcha por el desierto, sobresalen varios acontecimientos. Dios les dio leyes y mandatos, y los puso a prueba (Éxodo 15,25). Dios los proveyó de codornices y del maná para comer (Éxodo 16,1-36). Para calmar la sed, Moisés hizo brotar agua de una roca, golpeándola con su bastón (Éxodo 17,1-7).

El primer encuentro armado con enemigos tuvo lugar en la batalla contra los amalecitas. Moisés envió a su general en jefe, Josué, al mando de las tropas, y mientras él oraba en lo alto del monte, «Josué derrotó a Amalec y a su gente a filo de espada» (Éxodo 17,8-16). Por consejo de su suegro Jetró, Moisés creó la institución de los jueces para administrar justicia al pueblo (Éxodo 18,13-26).

Cuando llegaron al desierto de Sinaí, Moisés subió al monte a hablar con Yahveh (Éxodo 19,3-9). Allí aconteció la teofanía divina (Éxodo 19,10-25). Y Dios le comunicó el decálogo (Éxodo 20,1-21). «Cuando acabó de hablar con Moisés en el monte Sinaí, le dio las tablas de la alianza: tablas de piedra, escritas por el dedo de Dios» (Éxodo 31,18).

En este punto, se narra el episodio del becerro de oro, fabricado por Aarón, ante el que el pueblo se postraba y ofrecía sacrificios, en ausencia de Moisés (Éxodo 32,1-14). Al bajar del monte, Moisés se encolerizó, arrojó y rompió las tablas de la Ley (Éxodo 32,15-24). El castigo no se hizo esperar: se desencadenó la violencia sagrada, por la transgresión, y Moisés con los hijos de Leví llevó a cabo una depuración despiadada del propio pueblo, por el extravío del becerro de oro, en la que «cayeron unos tres mil hombres» (Éxodo 32,25-28).

Moisés intercedió por su pueblo y siguieron el camino como pueblo elegido (Éxodo 33,16-17). Deseó ver la gloria de Dios, pero no pudo ver su rostro (Éxodo 33,18-23). Dios renovó su alianza, hubo nuevas tablas con el decálogo (Éxodo 34,1-28). Por haber hablado con Dios, la gloria se reflejaba en el rostro radiante de Moisés, que se puso un velo sobre la cara y solo se lo quitaba para hablar con Dios (Éxodo 34,33-35).

El libro de los Números reanuda la historia por el desierto. Acaeció la rebelión de Coré, Datán y Abirán, seguida del correspondiente castigo (Números 16,1-35). Tras muchas peripecias, se dirigieron hacia Transjordania, combatiendo a los amalecitas, los edomitas, los amorreos, los moabitas y los cananeos, hasta conquistar la tierra a filo de espada. Se asentaron en las ciudades de los vencidos y se repartieron su territorio (Números 21,21-35; capítulos 31 al 34).

Por último, el Deuteronomio vuelve a contar la historia de Moisés y el pueblo de Israel, en alianza con Dios. Presenta un nuevo cuerpo legal de mandatos y decretos religioso-políticos. Pero Moisés solo llegó a ver la tierra prometida desde lejos, desde el monte Nebo, frente a Jericó. Y allí falleció y lo enterraron en el valle de Moab (Deuteronomio 34,1-12).

La figura de Moisés está muy presente en el Nuevo testamento: su nombre aparece 79 veces (25 veces en los sinópticos; 13, en el Evangelio según Juan; 18, en los Hechos; 10, en las cartas de Pablo). Mientras que el nombre de Jesús se repite 794 veces; el de Pablo, 162; el de Pedro, 156; el de Abrahán, 74; el de Isaac, 21; el de Jacob, 27.

En los textos cristianos, Moisés representa la religión y la Ley judías, en cuyo seno surgió y se desarrolló el movimiento de renovación iniciado por Jesús. El sermón de la montaña, en el Evangelio según Mateo (5,1 a 7,29), Jesús manifiesta una toma de postura crítica en relación con la Ley de Moisés y los Profetas, aunque insistiendo en lo fundamental de su mensaje.

En el mismo Evangelio de Mateo, que sigue de cerca a Marcos, Jesús mandó al leproso que quedó limpio que cumpliera con lo prescrito por Moisés (Mateo 8,4). En el relato de la transfiguración, aparecen Moisés y Elías conversando con Jesús (Mateo 17,3). En la cuestión del divorcio, Jesús interpreta restrictivamente la ley de Moisés (Mateo 19,7-9). Los saduceos citan a Moisés en un debate acerca de la resurrección (Mateo 22,24). Jesús denuncia que en la cátedra de Moisés se han sentado los escribas y los fariseos, y advierte de que hay que cumplir lo que ellos dicen, pero no hacer lo que hacen (Mateo 23,2-3).

El Evangelio según Lucas, en el relato de la infancia de Jesús, hace ver que sus padres cumplían la Ley de Moisés, con motivo de la presentación del niño en el templo (Lucas 2,22-24). Reitera eso mismo en los episodios del leproso curado (Lucas 5,14), la transfiguración (Lucas 9,30) y el debate sobre la resurrección (Lucas 20,28 y 37). Además, Lucas alude a Moisés en relatos específicamente suyos como el del rico epulón y el pobre Lázaro (Lucas 16,29-31), el de los discípulos de Emaús (Lucas 24,27), y en las palabras que Jesús dirige a sus apóstoles, tras la resurrección, al despedirse de ellos: «Es necesario que se cumpla todo lo escrito en la Ley de Moisés y en los Profetas y los Salmos acerca de mí» (Lucas 24,44).

Las elaboraciones del evangelista Juan y de las cartas del apóstol Pablo son notablemente más complejas, y no podemos entrar aquí en su análisis. Me limitaré a subrayar que ambos toman como referencia la Ley mosaica para señalar la novedad que supone la misión de Jesús: «Porque la Ley se dio por medio de Moisés, la gracia y la verdad han llegado a ser por Jesús Mesías» (Juan 1,17).

Especial importancia entraña el episodio evangélico de la mujer adúltera, que, según la Ley de Moisés, debía ser apedreada, pero Jesús se opuso e impidió que lo hicieran (Juan 8,3-11).

Por su parte, el apóstol Pablo cuestiona si la justicia procede de la Ley o de la fe (Romanos 10,5-6). Su respuesta en la carta a los gálatas defiende la liberación respecto a la Ley, una libertad aportada por Cristo, que hace hijos adoptivos de Dios a quienes tienen fe: «Antes de llegar la fe, estábamos presos bajo la Ley, custodiados hasta que la futura fe se revelara. De modo que la Ley fue nuestra preceptora hasta Cristo, para que por la fe seamos justos» (Gálatas 3,23-24). Pues, escribe Pablo, «para la libertad nos ha liberado Cristo: manteneos firmes y no os sometáis de nuevo al yugo de la esclavitud» (Gálatas 5,1).

Así, el movimiento judío de renovación que dio origen al cristianismo universalizó le fe de Israel. Relativizó la Ley mosaica, humanizó la presencia de Dios y dio la mayor trascendencia a la acción del Espíritu.

Según el Corán

La figura de Moisés, pese a su gran relevancia en el Corán, ha sido poco estudiada por los islamólogos. En la edición de Al-Azhar, el libro consta de 6.236 versículos, cuya temática se reparte de manera desigual. El 25% del texto está dedicado a historias y personajes tomados de la Torá judía y de los Evangelios cristianos. Los personajes a los que se dedica mayor extensión en el Corán son todos bíblicos: sobre Moisés, 502 versículos; sobre Abrahán, 245 versículos; sobre Noé, 131 versículos.

Como salta a la vista, Moisés ocupa el doble de versículos que Abrahán. Ya indicamos que el nombre de Moisés se menciona 137 veces en el Corán, en 34 de los capítulos, también el doble de menciones que el nombre de Abrahán (70 veces). Parece evidente que el islam es ante todo la *religión de Moisés*, más que la «religión de Abrahán».

Sin embargo, en los capítulos del período de Medina, posteriores a la hégira, la figura de Moisés casi desaparece (apenas diez menciones en ellos). Esta es la prueba de que se estaba llevando a cabo la *sustitución* del profeta Moisés por el profeta sin nombre, que la tradición muslime identifica con Mahoma, convertido entonces en protagonista y único profeta en los capítulos más tardíos del Corán.

Moisés aparece incluido siempre en los numerosos sumarios coránicos de «profetas» hebreos (Corán 44/19,51), entre los que se mienta a Noé (Corán 44/19,58), Abrahán (Corán 44/19,41), Isaac y Jacob (Corán 44/19,49), Ismael (Corán 44/19,54; 56/37,112) y Aarón el hermano de Moisés (Corán 44/19,53).

Aunque las historias de Moisés referidas en el Corán están tomadas de la Biblia, el hecho es que se narran de manera esquemática y alterando muchos rasgos concretos. Cuando hacemos la comparación detallada, encontramos bastantes discordancias entre ambas escrituras. Algunos ejemplos:

– Corán 39/7,107: Moisés tiró su bastón. En Éxodo 7,10, es Aarón quien tiró el bastón que se convirtió en serpiente.

– Corán 49/28,6: sitúa al dignatario Amán junto al faraón. En la Biblia, Amán aparece en el libro de Ester, unos mil años posterior.

– Corán 49/28,12: el niño Moisés se negaba a mamar. El relato de Éxodo 2,1-9 no cuenta nada de eso (procede de una leyenda judía).

– Corán 49/28,15: Moisés mató a un hombre de otro clan judío. La Biblia dice que mató a un egipcio (Éxodo 2,11-15).

– Corán 49/28,38: Faraón mandó construir una torre para llegar a Dios. Esto no está en la Biblia: quizá se trate de una confusión con la torre de Babel (Génesis 11,1-9).

Estas y otras variantes en la narración no son, sin embargo, lo más importante de la historia de Moisés en el Corán. Lo significativo reside en el propósito que persiguen los cambios que se introdujeron en el relato coránico, donde unos temas plenamente judíos, como son la misión del profeta, el pueblo elegido y el libro revelado, fueron reinterpretados en clave árabe y mahometana y, por tanto, manipulados.

En efecto, el personaje de Moisés es reconvertido en prototipo de Mahoma. Aparece Moisés como un caudillo que, por orden divina, dirige a las tribus israelitas, se enfrenta al imperio egipcio y se libra de él, y organiza una especie de Estado naciente (los jueces), bajo un régimen teocrático fundado en la Ley y los mandamientos de Dios; guerrea contra otros pueblos, con vistas a la conquista militar de la tierra prometida (Corán 25/20,41; 45/20,13; 112/5,21). Parece claro que, conforme al Corán, este es el modelo básico al que se ciñe el comportamiento de Mahoma, de modo que este se presenta como enviado y profeta, como revelador, legislador, conductor político-militar de las tribus árabes y visionario de la conquista de los imperios romano y persa.

Ahora bien, el patrón profético al que se atiene Mahoma se aleja no solo del pacifismo evangélico cristiano, sino también del profetismo judío del período monárquico, cuando los profetas criticaban al poder, para remontarse a las épocas más antiguas de leyendas tribales y guerras santas. Sobre todo, Mahoma se identifica con el paradigma beligerante de Moisés. El camino hacia la conquista de la tierra prometida es el modelo para la yihad en el camino de Dios. Consiste en tachar a los otros pueblos de opresores, inculparlos de idolatría, emplazarlos a la rendición o el exterminio, con el objetivo de la victoria y el reparto del botín en nombre de Dios.

Con todo, en las suras medineses, el personaje de Moisés fue pasando a segundo plano para encumbrar el profetismo de Mahoma (Corán 90/33,40). La actividad militar de la yihad, inicialmente de carácter defensivo, se reformuló hasta establecerla como obligación de emprender la ofensiva contra todos los que no crean en Dios y en Mahoma (Corán 113/9,29). El islam naciente desarrolló el culto a la personalidad de Mahoma, mitificándolo como enviado de Dios y exaltándolo como sello de los profetas.

Otro aspecto en el que evolucionó el texto del Corán remite a la consideración de pueblo elegido. Inicialmente, lo identifica con el «pueblo de Moisés», con los «hijos de Israel», con el «pueblo del libro» que es la Torá mosaica (Corán 65/45,16). Pero, más adelante, llega a descalificar al pueblo judío de su tiempo, con graves acusaciones:

«¡Pueblo del Libro! ¿Por qué no creéis en los signos de Dios?» (Corán 89/3,98).

«Hicimos un pacto con los hijos de Israel y les mandamos enviados. Cada vez que un enviado vino a ellos con algo que no deseaban, a unos los desmintieron y a otros los mataron» (Corán 112/5,70).

El Corán alega que Dios los reprueba sin remisión, por desmentir sus signos (Corán 42/25,36; 103/22,44). De modo que introduce la idea de que Dios los despojará de su estatus de pueblo elegido, para traspasarlo a otro pueblo. Y finalmente, afirma que el pueblo de Moisés ha sido sustituido por el pueblo de Mahoma. Así, el Corán enaltece a la nueva *umma*, la nación o pueblo de los árabes creyentes que siguen a Mahoma, sumisos a Dios, los auténticos descendientes de Abrahán:

«Vosotros sois el mejor pueblo suscitado entre los humanos. Ordenáis lo lícito, prohibís lo ilícito, y creéis en Dios. Si el pueblo del Libro hubiera creído, hubiera sido mejor para ellos. Hay creyentes entre ellos, pero la mayoría son perversos» (Corán 89/3,110).

«¿Quién tiene una religión mejor que quien es sumiso a Dios, obrando bien, y sigue la religión de Abrahán, siendo recto?» (Corán 92/4,125).

Por último, del mismo modo que Moisés es sustituido por Mahoma y el pueblo judío es reemplazado por el pueblo árabe, la Biblia es relevada por el Corán. Durante mucho tiempo, incluso después de la hégira, la Biblia hebrea (recibida de los judeonazarenos) constituía la escritura de referencia para la comunidad de Mahoma y su liturgia. De ella hablan con reverencia numerosos pasajes del Corán:

«Pues dimos a Moisés el Libro como culminación por el bien que había hecho, explicación de todo, dirección y misericordia» (Corán 55/6,154).

Más aún, se alude al Corán como una confirmación, en lengua árabe, de lo que se había revelado antes en la Torá:

«Antes de él, el Libro de Moisés era guía y misericordia. Este es un libro que lo confirma, en lengua árabe, para advertir a los injustos, y un anuncio para los que obran bien» (Corán 66/46,12).

Sin embargo, posteriormente, el Corán pasa a acusar a los judíos de entender a su antojo el libro de Moisés, y de ocultar parte de su mensaje:

«¿Quién hizo descender el libro con el que vino Moisés como luz y dirección para los humanos? Lo registráis en hojas que mostráis, pero ocultáis mucho. Se os enseñó lo que no sabíais, ni vosotros ni vuestros padres» (Corán 55/6,91).

El enfrentamiento con los judíos se enconó cada vez más, y el Corán posterior a la hégira acusa a los judíos de alterar el texto del libro de Moisés (al que antes aludía como digno de ser recordado y obedecido).

«¡Ay de aquéllos que escriben el Libro con sus propias manos y luego dicen: 'Esto es de parte de Dios', a fin de venderlo a bajo precio! ¡Ay de ellos por lo que sus manos han escrito! ¡Y ay de ellos por lo que realizan!» (Corán 87/2,79).

«¡Pueblo del Libro! ¿Por qué disfrazáis la verdad de falsedad, y ocultáis la verdad que conocéis?» (Corán 89/3,71).

«Pero, como rompieron su compromiso, los hemos maldecido y hemos endurecido sus corazones. Desplazan las palabras de sus posiciones, y han olvidado una parte de lo que se les recordó. Tú no dejarás de ver una traición por su parte, excepto unos pocos de ellos» (Corán 112/5,13).

Al final del proceso, el Libro de Moisés es rechazado y sustituido por el Corán como nuevo libro revelado. Sin embargo, en contraste con la acusación a los judíos de falsear sus escrituras, lo que la investigación actual nos descubre es que el texto coránico fue manipulado por distintos redactores, de manera que el Corán que hoy conocemos no finalizó su redacción hasta dos siglos después de Mahoma.

La sura 17 lleva por título *El viaje nocturno*. El primer versículo cuenta que, una noche (supuestamente del año 622), el profeta efectuó un viaje milagroso «desde el santuario prohibido hasta el santuario lejano», desde La Meca hasta Jerusalén.

«Exaltado sea el que hizo viajar a su siervo, de noche, desde el santuario prohibido al santuario lejano, cuyos alrededores hemos bendecido, a fin de hacerle ver algunos de nuestros signos. Él es el que todo lo oye, el que todo lo ve» (Corán 50/17,1).

La exégesis musulmana dice que el siervo aludido era Mahoma, llevado hasta el templo de Jerusalén, desde donde subió al cielo para hablar con Dios y recibir el Corán.

Pero en el texto se detecta un añadido posterior: «del santuario prohibido al santuario lejano, cuyos alrededores bendijimos, a fin de hacerle ver algunos de nuestros signos. Él es el que todo lo oye, el que todo lo ve». Si suprimimos este añadido, entonces se recupera el texto original y se enlaza lógicamente con el versículo siguiente, que queda así:

«Gloria a aquel que hizo viajar una noche a su siervo. […] Dimos a Moisés el libro, del que hicimos una dirección para los hijos de Israel» (Corán 50/17,1-2).

En efecto, así se comprueba en los manuscritos más antiguos. Está claro que el «siervo» mencionado en el primer versículo no es otro que

Moisés, de quien el relato bíblico cuenta que subió al monte Sinaí para recibir las tablas de la Ley. Está claro que el versículo se ha manipulado, haciendo que Mahoma ocupe el lugar de Moisés.

Resultado de la comparación

El Corán se apropia abiertamente de las historias de los «profetas» bíblicos, de modo que el islam resulta de una adaptación de la religión judía. Y el propio Corán muestra que la consideración de Mahoma como profeta es tardía y no aparece hasta las suras del período de Medina.

El estudio comparado muestra que los personajes bíblicos, en el Corán, están muy esquematizados, su perfil desfigurado, y su significación alterada. El Corán lleva a cabo un proceso de apropiación que asimila el judaísmo a los árabes. Los profetas, incluso Jesús, aparecen mahometizados con el propósito de justificar las agresiones y conquistas de los sarracenos. Moisés, que reunía las atribuciones de enviado por Dios, transmisor de la Ley, suprema autoridad religiosa y política del pueblo hebreo, sirvió de prototipo sobre el que se calcó la figura de Mahoma, profeta, revelador y jefe militar y político de las tribus árabes.

Como resultado, el islam instauró una teología de la sustitución, suplantando a las grandes figuras de Israel y del cristianismo. Los profetas mencionados en el Corán y el mismo Moisés operan como si fueran marionetas movidas por los hilos del mahometismo. Es aberrante pretender que Abrahán fuera un profeta musulmán, o que la religión islámica existiera antes que el judaísmo y el cristianismo, como la única religión originaria y verdadera. El islamismo alteró la identidad de todos los profetas de Israel, desde Adán y Eva, Abrahán, Moisés, David y Salomón, e incluso Jesús, presentándolos como musulmanes. Y hasta da pie a los musulmanes para pensar que la Biblia es un plagio falsificado del Corán, por absurdo que esto nos parezca.

La realidad es bien distinta: que los textos del Corán, atribuidos a Mahoma, posteriores en siglos, distorsionan, manipulan y reelaboran a su conveniencia elementos de las escrituras judías y cristianas, tanto canónicas como extracanónicas. Desde el punto de vista histórico, es el relato coránico el que falsea los textos originales y lleva a cabo una maniobra de islamización del personaje de Moisés y de la figura de Jesús. El objetivo último del Corán estriba en desacreditar la Biblia, apropiarse de su prestigio y suplantarla por completo, al tiempo que recupera y mitifica a Mahoma.

El islam impulsó un nuevo profeta, un nuevo libro revelado, un nuevo pueblo elegido, que se arrogó la misión de imponer la nueva Ley de Dios. Mahoma y sus seguidores asumieron como religión un proyecto mesiánico milenarista de combate y conquista por la espada, con la pretensión de someter a todas las naciones de la tierra e implantar el reino escatológico. Este mito es el que justifica, a sus ojos, el odio a los enemigos, la fe ciega en la violencia y el *ethos* de dominación. Aunque, en realidad, su práctica culmina en el reparto desigual de las riquezas, de las mujeres y del poder, dentro de un sistema teocrático que confunde religión y política. De ahí la discordia sin fin que enfrenta al islam con el resto de la humanidad.

4.5. EL TEMA DE MARÍA

María, la madre de Jesús de Nazaret, ocupa un lugar privilegiado en los Evangelios, en relación con la misión de su hijo y en el nacimiento de la Iglesia. También aparece como un personaje prominente en el Corán, aunque con un perfil más plegado a escritos apócrifos y utilizada sobre todo, como veremos, para desacreditar la tradición evangélica y promover una imagen de Jesús típicamente islámica.

Según el Nuevo testamento

La madre de Jesús, María, aparece en los relatos evangélicos, donde se dice que pertenecía genealógicamente a la casa y familia del rey David (Mateo 1,1; Lucas 1,27). Estaba desposada con José, y se encontró encinta por obra del Espíritu Santo (Mateo 1,18-20). El evangelista Lucas describe el hecho como anunciación del ángel Gabriel a la virgen María (Lucas 1,26-38), quien por aquellos días viajó a casa de su prima Isabel, la mujer de Zacarías y madre de Juan Bautista (Lucas 1,39-45).

El Evangelio según Lucas narra que María dio a luz a su hijo en Belén, la ciudad de David, (Lucas 2,3-7). Unos pastores acudieron a ver al salvador que había nacido (Lucas 2,8-18). Según el Evangelio según Mateo, unos magos de oriente llegaron y ofrecieron al niño regalos de oro, incienso y mirra, viendo en él la esperanza de salvación (Mateo 2,9-11). José y María tuvieron que huir a Egipto con el niño, porque el rey Herodes amenazaba su vida (Mateo 2,13-15).

Conforme a la Ley de Moisés, sus padres presentaron a Jesús en el templo de Jerusalén (Lucas 2,22). Allí, Simeón el justo los bendijo (Lucas 2,33-34). Y la profetisa Ana enalteció al niño (Lucas 2,36-38).

Durante la infancia, Jesús recibió la educación de sus padres (Lucas 2,51-52). Todos los años subían a Jerusalén para la fiesta de Pascua (Lucas 2,41). Cuando el niño había alcanzado los doce años, debatió con los doctores del templo, ante la extrañeza de sus padres (Lucas 2,46-47).

Cuando Jesús llevaba a cabo su misión predicando y curando, en una ocasión su madre y sus hermanos se presentaron en el lugar donde estaba hablando a la muchedumbre (Marcos 3,31-32; Mateo 12,46; Lucas 8,19).

La gente conocía a José el carpintero y María como padres de Jesús, e igualmente a sus hermanos y hermanas (Marcos 6,3; Mateo 13,55-56; Juan 6,42).

En la celebración de una boda en Caná de Galilea, a la que estaba invitada María y también Jesús y sus discípulos, ella intercedió porque faltaba vino (Juan 2,1-5).

Cuando condenaron a muerte a Jesús, su madre María estuvo junto a él, al pie de la cruz (Juan 19,25-27).

María, junto con otras mujeres y con los apóstoles, permanecieron unidos después de la ascensión de Jesús (Hechos 1,14). Y estando reunidos en Jerusalén, el día de Pentecostés, recibieron el don del Espíritu Santo (Hechos 2,1-4).

En suma, la importancia de María no se limita al hecho de haber sido la madre de Jesús, sino que ella estuvo presente a todo lo largo de la vida, la actividad pública y la muerte de su hijo. Y, en momentos importantes, intervino de manera muy significativa, también durante los inicios de la Iglesia primitiva.

Según el Corán

El texto coránico tal como nos ha llegado contiene múltiples menciones de María y narra ciertos pasajes sobre ella. Estadísticamente: el nombre de «María» aparece 34 veces (más que el nombre de Jesús). De ellas: «hijo de María», 23 veces, la mayoría yuxtapuesto al nombre de Jesús; y solo «María», 11 menciones, aludiendo a ella directamente.

Llamativamente, María es insertada en una genealogía anacrónica, al designarla como «hermana de Aarón» (Corán 44/19,28) y como «hija de Amrán», el padre de Aarón y Moisés (Corán 107/66,12).

El Corán no utiliza nunca la expresión «madre de Jesús» (habitual en los Evangelios); sin embargo, dice con frecuencia «Jesús, hijo de María».

El Corán trata de María en unos cuarenta versículos, repartidos desigualmente en siete capítulos distintos, sobre todo en la sura 19, que lleva el título de «María», y en la sura 3, titulada «La familia de Amrán».

María en la sura 19 del Corán, titulada «María»

El capítulo 19 del Corán (en orden cronológico el 44) lleva por título precisamente «María», aunque solo le dedica 15 de los 98 versículos (en concreto, del 16 al 30). En estos versículos, el Corán hace a su modo un relato de la anunciación a María, el embarazo y el nacimiento de Jesús, a lo que añade una alocución del niño desde la cuna y el regreso con su familia. Dice así:

«Recuerda en el libro a María, cuando ella se retiró de su gente a un lugar oriental. Tendió un velo para ocultarse de ellos. Entonces le enviamos nuestro espíritu, que se le presentó como un humano perfecto.
Dijo ella: 'Me refugio junto al Compasivo contra ti, si es que lo temes'.
Dijo él: 'Yo soy un enviado de tu Señor para darte un niño puro'.
Dijo ella: '¿Cómo voy a tener un niño, si ningún hombre me ha tocado, y nadie ha abusado de mí?'
Dijo él: '¡Así será! Tu Señor dice: 'Es fácil para mí. Y haremos de él un signo para los humanos y una misericordia de nuestra parte'. Es un asunto decidido'.
Quedó embarazada y se retiró con él a un lugar lejano.

Luego, los dolores de parto la hicieron llegar hasta el tronco de la palmera. Dijo ella: 'Ojalá hubiera muerto antes de esto y fuera totalmente olvidada'.

Entonces, él la interpeló desde abajo: 'No te entristezcas. Tu Señor ha puesto debajo de ti un arroyuelo.

Sacude hacia ti el tronco de la palmera y hará caer sobre ti dátiles frescos, maduros. Come, pues, y bebe, y que tu vista se alegre. Si ves a algún humano, di: 'He hecho voto de ayunar al compasivo y no hablaré hoy a ningún humano''.

Luego, fue a su gente llevándolo. Ellos dijeron: '¡María! Has hecho algo inaudito. ¡Hermana de Aarón! Tu padre no era un malhechor, y nadie abusó de tu madre'.

Entonces ella se lo señaló. Ellos dijeron: '¿Cómo vamos a hablar a uno que está en la cuna, un niño?'

Él dijo: 'Yo soy el siervo de Dios. Él me ha dado el libro y me ha hecho profeta'» (Corán 44/19,16-30).

Este pasaje está inspirado en la historia narrada por dos apócrifos, el *Protoevangelio de Santiago* (capítulos 18 y 19) y el *Evangelio del Pseudo-Mateo* (13,2-3), pero expuesta de forma más esquemática y con variantes. Por ejemplo, según esos apócrifos, María dio a luz en una gruta cerca de una montaña próxima a Belén. El Corán, en cambio, sitúa el alumbramiento en el desierto junto a una palmera, una escena que aparece más adelante en el Pseudo-Mateo. No obstante, encontramos un versículo coránico en el que parece haber un indicio también de la gruta en el monte:

«Hicimos del hijo de María y de su madre un signo, y les dimos refugio en una colina con seguridad y una fuente» (Corán 74/23,50).

El Corán afirma, en dos ocasiones, que María mantuvo su virginidad, pues la designa como «la que preservó su sexo» (Corán 73/21,91; 107/66,12). Y hay dos versículos donde le vaticina que, junto con su hijo, será un signo para las gentes.

«[Recuerda] la que había preservado su sexo. Habíamos infundido en ella nuestro espíritu, e hicimos de ella y de su hijo un signo para el mundo» (Corán 73/21,91). La misma idea de constituir un signo aparece en el ya citado 74/23,50.

Por otro lado, el Corán le adjudica una característica hasta cierto punto excepcional, poniendo en boca de Dios: «cuando le haya infundido de mi espíritu». Esta misma expresión se menciona dos veces a propósito de la creación del hombre (Corán 38/38,72; 54/15,29). Y a propósito de María, se afirma una vez «de enviamos nuestro espíritu» (Corán 44/19,17) en la anunciación; y dos veces «de infundimos de nuestro espíritu» (Corán 73/21,91; 107/66,12). El significado de estos versículos connota una intervención singular de Dios, de la que quizá cabría esperar consecuencias ulteriores de importancia, aunque no las hay. La alusión al espíritu de Dios se hará aún más excepcional con relación a Jesús, de quien se dice, y solo se dice de él, que fue fortalecido con el Espíritu santo (Corán 87/2,87; 87/2,253; 112/5,110). En contraste, el Corán nunca formula nada semejante sobre Mahoma.

María en la sura 3 del Corán, titulada «La familia de Amrán»

El capítulo 3 del Corán (en orden cronológico el 89) lleva por título «La familia de Amrán» (en árabe *Imrán*). Este personaje es el padre de Aarón y Moisés. Este capítulo dedica a María once versículos de estilo legendario o mitológico. Pero el texto designa a María literalmente «hermana de Aarón». Según la Biblia, Aarón tenía una hermana llamada María, pero aquello era doce siglos antes. El Corán no se inmuta, vincula a María, la madre de Jesús, con la familia de Amrán y la presenta como hermana de Aarón y Moisés, según lo cual Jesús sería sobrino de Moisés y nieto de Amrán.

«Dios eligió a Adán, Noé, la familia de Abrahán, y la familia de Amrán sobre todo el mundo. Son descendientes unos de otros (…) [Recuerda] cuando la mujer de Amrán dijo: '¡Señor mío! He hecho voto de entregarte lo que está en mi vientre. Acéptamelo. Tú eres el oyente, el omnisciente'.
Cuando ella dio a luz, dijo: '¡Señor mío! He dado a luz una hembra. Bien sabe Dios lo que ella ha dado a luz, y que el varón no es como la hembra. Le he puesto de nombre María. La pongo con su descendencia bajo tu protección contra el satanás lapidado'.
Su Señor la acogió favorablemente, la hizo crecer bien y encargó de ella a Zacarías. Cada vez que Zacarías entraba a verla en el santuario, encontraba junto a ella el sustento. Dijo él: '¡María!, ¿de dónde obtienes eso?'

Dijo ella: 'Es de parte de Dios. Dios provee sin medida a quien él quiere'» (Corán 89/3,33-37).

Al contar el nacimiento y la infancia de María consagrada en el santuario, bajo tutela de Zacarías, este personaje también es trasladado anacrónicamente a tiempos mosaicos. Pero lo más significativo es que el relato inserta a María y su hijo Jesús en el ciclo de Moisés. No parece que se trate de un error, de una confusión histórica entre María la hermana de Aarón con María la madre de Jesús. Es ciertamente algo premeditado, una manera islámica de apropiarse de Jesús como «profeta», empezando por situarlo como uno más en la sucesión de los profetas («descendientes unos de otros»), y eliminando su singularidad, pues se afirma que entre ellos no hay «ninguna distinción» (Corán 89/3,84).

Resulta algo pretendido, porque la alusión a Amrán, padre de Moisés, no es una sola, sino triple y muy consistente, dado que se menciona «da familia de Amrán» (Corán 89/3,33) como preferida de Dios; luego se cita «da mujer de Amrán» (89/3,35), que consagró a Dios el fruto de su vientre; y tercero se llama «hija de Amrán» (Corán 107/66,12) a la virgen María, la única vez en todo el Corán en que se usa la expresión «hija de». Tanta coherencia descarta toda interpretación simbólica de ese parentesco. Además, queda descalificado todo intento de disimular traduciendo Amrán por «Joaquín», por aquello de que ciertos apócrifos cristianos llaman Joaquín y Ana a los padres de María.

El pasaje sobre María prosigue en el versículo 42, con la historia de la anunciación, repetida en términos más breves que en el capítulo 19.

«[Recuerda] cuando los ángeles dijeron: '¡María! Dios te ha escogido, te ha purificado, y te ha escogido entre las mujeres del mundo.
¡María! Dedícate a tu Señor, prostérnate y arrodíllate con los que se arrodillan'. (…)
Tú no estabas con ellos cuando echaron suertes con sus varas, para ver quién de ellos sería guardián de María, y no estabas tampoco con ellos cuando disputaban.
[Recuerda] cuando los ángeles dijeron: '¡María! Dios te anuncia una palabra de su parte, cuyo nombre es el Mesías Jesús, hijo de María, honorable en la vida de acá y en la última vida. Y será de los allegados.
Hablará a los humanos en la cuna como un adulto. Y será de los virtuosos'.

Dijo ella: '¡Señor mío! ¿Cómo voy a tener un hijo, cuando ningún hombre me ha tocado?' Dijo él: 'Así será. Dios crea lo que él quiere. Cuando decide algo, no tiene más que decir: ¡Sé! y es'» (Corán 89/3,42-47).

Caigamos en la cuenta de que aquí son unos ángeles, en plural, los que intervienen en la anunciación a María, mientras que, en la versión de la sura 19, era un espíritu con apariencia humana (Corán 44/19,16). Y el Evangelio de Lucas habla de un solo ángel (Lucas 1,26).

Las restantes referencias a María, en otras suras, añaden algún matiz, pero, en realidad, el personaje ya no interviene más y desaparece por completo del texto.

«Y a causa de su incredulidad, por haber dicho una gran infamia contra María.
Y porque dijeron: 'Hemos matado al Mesías Jesús, hijo de María, el enviado de Dios'. Ahora bien, ellos no lo mataron, ni lo crucificaron, sino que eso les pareció. (…) Y ellos ciertamente no lo mataron» (Corán 92/4,156-157).

«¡Gentes del libro! No exageréis en vuestra religión, y no digáis sobre Dios más que la verdad. El Mesías Jesús, hijo de María, no es más que un enviado de Dios y su palabra, que él emitió a María, y un espíritu de él» (Corán 92/4,171).

«María, hija de Amrán, que preservó su sexo. En ella infundimos nuestro espíritu. Ella declaró verídicas las palabras de su Señor y sus libros. Y fue de las devotas» (Corán 107/66,12).

«No creen los que dicen: 'Dios es el Mesías, hijo de María'. Di: '¿Quién podría algo contra Dios, si él quisiera destruir al Mesías, hijo de María, y a su madre y a todos los que están en la tierra? De Dios es el reino de los cielos y la tierra y lo que está entre ellos'» (Corán 112/5,17).

«¡Jesús, hijo de María! Recuerda mi gracia hacia ti y hacia tu madre, cuando te fortalecí con el espíritu del santo» (Corán 112/5,110).

«Cuando Dios dijo: '¡Jesús, hijo de María! ¿Eres tú quien dijo a los humanos: 'Tomadme a mí y a mi madre como dos dioses, además de Dios'?' Dijo: '¡Él sea exaltado! No me corresponde decir algo a lo que no tengo derecho'» (Corán 112/5,116).

En resumen, los versículos citados muestran que Dios protege a María frente a los que la difaman y, de camino, se utiliza esto para condenar a los judíos, al tiempo que sirve de apoyo para negar la crucifixión de Jesús. El Corán insiste en que el hijo de María es palabra y espíritu que Dios le comunicó, pero que es solo un enviado. De ella dice que es agraciada, devota, verídica, evidentemente no divina, sino una frágil criatura a quien Dios podría exterminar si quisiera. En cualquier caso, todas estas alusiones marianas carecen de trascendencia, y ella no vuelve a desempeñar ningún papel en el Corán.

Si observamos, la mayor parte de lo narrado sobre María se ocupa de su nacimiento y crianza, de la anunciación, la concepción de su hijo y el alumbramiento, para lo que se sirve de descripciones inspiradas en evangelios apócrifos, y con una ostensible omisión de los evangelios de la infancia según Mateo y Lucas.

Con el fin de elucidar mejor la significación de la figura de María en el texto islámico, en contraste con su figura previa en los documentos cristianos, vamos a efectuar un análisis comparativo por partes, escogiendo una serie de tópicos. Comprobaremos cómo las narraciones del Nuevo testamento (siglo I) y las del Corán (siglos VII-IX) ofrecen visiones contrapuestas, incluso excluyentes, como ocurre con los demás personajes e historias heredados de las tradiciones judía y cristiana. El Corán los remodeló para construir su propio relato sagrado, en lucha dialéctica con sus competidores.

Tras el examen, quedará patente cómo las creencias coránicas están elaboradas en confrontación con el cristianismo, como parte de una guerra teológica, que se agregó a la guerra de conquista de los territorios bizantinos y persas. Exponemos a continuación el estudio comparativo de los diferentes aspectos.

A. La anunciación a la virgen María

Si cotejamos la *anunciación en casa* de María, en Nazaret, narrada en el Evangelio según Lucas, con la *anunciación en un templo* referida por el Corán, podemos comprobar el contraste entre una y otra.

Dice el Nuevo testamento:

«A los seis meses envió Dios al ángel Gabriel a una ciudad de Galilea, llamada Nazaret, a una joven prometida con un hombre del linaje de David, de nombre José; la joven se llamaba María. (...)

El ángel le dijo: 'No temas, María, porque has hallado gracia delante de Dios. Pues, mira, vas a concebir, darás a luz un hijo y le pondrás de nombre Jesús' (…)

María dijo al ángel: '¿Cómo sucederá eso, si no conozco varón?'

El ángel le contestó: 'El Espíritu Santo bajará sobre ti y el poder del Altísimo te cubrirá con su sombra'» (Lucas 1,26-35).

Dice el Corán:

«Entonces le enviamos nuestro espíritu, que se le presentó como un humano completo. (…) Dijo: 'Yo soy un enviado de tu Señor para darte un niño puro'.

Ella dijo: '¿Cómo voy a tener un niño, cuando ningún hombre me ha tocado, y nadie ha abusado de mí?' Dijo él: '¡Así será! Tu Señor dice: 'Es fácil para mí. Y haremos de él un signo para los humanos y una misericordia de nuestra parte. Es un asunto decidido'» (Corán 44/19,17-21).

El relato coránico sobre María, en el que está consagrada en un templo que no se nombra, ni se ubica, aunque se sobreentiende que es en Jerusalén, señala que fue escogida por Dios y recibió el anuncio por parte de un espíritu (Corán 44/19,16), o de unos ángeles (Corán 89/3,42 y 45). Ninguno de los Evangelios canónicos habla de esa supuesta estancia de María en un templo, al cuidado de Zacarías. Aquí observamos una sustitución del contexto, que borra las huellas del lugar, además de haber alterado la época donde vivió, al retrotraerla a los lejanos tiempos de Moisés, cuando evidentemente ni siquiera existía el templo de Jerusalén. Por otra parte, la narración de Lucas habla de un solo ángel, de nombre Gabriel (Lucas 1,26) y sitúa la anunciación en casa de María, en Nazaret de Galilea.

B. *El nacimiento de Jesús*

A la narración del *nacimiento de Jesús en Belén*, según los Evangelios de Mateo y Lucas, se contrapone el relato del Corán, que sitúa el *nacimiento de Jesús en un desierto*.

Dice el Nuevo testamento:

«Subió José desde Galilea (…) a la ciudad de David, que se llama Belén (…) con María su esposa, que estaba encinta. Estando allí, le llegó el tiempo del parto y dio a luz a su hijo primogénito; lo envolvió en pañales y lo acostó en un pesebre» (Lucas 2, 4-7).

Dice el Corán:

«Quedó embarazada y se retiró con él a un lugar lejano. Luego, los dolores de parto la hicieron ir al tronco de la palmera» (Corán 44/19,22-23).

El relato coránico dice que María dio a luz en un desierto, apoyada en el tronco de una palmera; aunque en otro versículo afirma que fue en una colina (Corán 74/23,50); en ambos casos, lugares sin nombre. Los evangelistas cuentan que fue en Belén de Judea, en tiempos del rey Herodes (Mateo 2,1; Lucas 2,5-6). Observemos cómo el redactor coránico ha suprimido toda referencia contextual concreta: silencia o confunde los tiempos en que ocurren los hechos y no da el nombre de ningún lugar, como Nazaret, Belén, Egipto, Jerusalén; y además borra por completo a José. En todos los casos, efectúa una descontextualización espacial y temporal, sin duda con un fin. Al borrar las huellas geográficas e históricas, y difuminar el contexto judío, la historia se vuelve abstracta, con lo que se altera su significación en un sentido acorde con la ideología islámica.

C. La ascendencia familiar

Los Evangelios afirman que tanto María como José, por su ascendencia, pertenecían a la *familia de David*. En cambio, el Corán elabora una historia enrevesada, que emparenta directamente a María con la *familia de Amrán*, el padre de Moisés y Aarón.

Dice el Nuevo testamento:

«También José, que era del linaje y familia de David, subió desde la ciudad de Nazaret, en Galilea, a la ciudad de David, que se llama Belén, en Judea, para empadronarse con su esposa, María, que estaba encinta» (Lucas 2, 4-7).

Dice el Corán:

«Luego, vino a su gente llevándolo [al niño]. Ellos dijeron: '¡María! Has hecho algo inaudito. ¡Hermana de Aarón! Tu padre no era un malhechor, y nadie abusó de tu madre'» (Corán 44/19,27-28).

El Corán afirma que Amrán y su esposa son los padres de María, como lo son de Aarón y Moisés. Además, esta genealogía, que convierte a María en «hermana de Aarón» (Corán 44/19,28; 89/3,33-37), se remacha explicitando que es «hija de Amrán» (Corán 107/66,12). De esta manera, el Corán consigue el efecto de que Jesús pertenezca al linaje de Moisés. Y como Moisés vivió en el siglo XIII antes de nuestra era, entonces Jesús queda adscrito a una familia equivocada y en una época totalmente anacrónica. El significado de esta maniobra parece bastante claro: al adscribir a Jesús a la familia de Amrán, se logra desvincularlo de la estirpe mesiánica representada por la «familia de David», con la que lo vinculan los Evangelios (Mateo 1,1; Lucas 2,4).

D. La filiación de Jesús

Los Evangelios dan a Jesús el título de *hijo de Dios*, mientras que, en contraposición, el Corán lo califica repetidamente como *hijo de María*. Esta constituye la discrepancia de mayor trascendencia.

Dice el Nuevo testamento:

«Por eso al que va a nacer lo llamarán santo, Hijo de Dios» (Lucas 1,35).

«Simón Pedro tomó la palabra y dijo: 'Tú eres el Mesías, el Hijo de Dios vivo'. Jesús le respondió: 'Bienaventurado tú, Simón, hijo de Jonás. Porque eso no te lo ha revelado la carne ni la sangre, sino mi Padre del cielo'» (Mateo 16,16-17).

Dice el Corán:

«Los ángeles dijeron: '¡María! Dios te anuncia una palabra de su parte, cuyo nombre es el Mesías Jesús, hijo de María'» (Corán 89/3,45).

«El Mesías Jesús, hijo de María, no es más que un enviado de Dios y su palabra que él comunicó a María, y un espíritu de él» (Corán 92/4,171).

«No creen los que dicen: 'Dios es el Mesías, hijo de María'» (Corán 112/5,17).

El texto coránico cuenta cómo la maternidad de María estuvo rodeada de sucesos extraordinarios: su hijo fue anunciado como Palabra y Espíritu procedentes de Dios, y sería un «signo» junto con ella, etc. Pero esta excepcionalidad inicial, que de algún modo se acerca al cristianismo, no tiene más repercusión, ni se vuelve a mencionar más. Pese a lo extraordinario de su nacimiento, a Jesús se lo equipara a un simple profeta, un simple hombre hijo de María. La clave interpretativa de esta calificación de Jesús como «hijo de María» está en que, así, se niega que sea «hijo de Dios». El mismo sentido de rechazo de la filiación divina connota el Corán cuando lo llama «allegado» a Dios (Corán 89/3,45), otro modo de decir que no es «hijo». O cuando lo adjetiva como «honorable», una forma sibilina de negar que sea «adorable» (Corán 89/3,45).

E. La misión propia de Jesús

Los Evangelios, desde el principio, ponen de manifiesto la misión de Jesús *como salvador* de la humanidad, mientras que, para el Corán, el cometido de Jesús no es más que el de un siervo enviado *como profeta que confirma* la Ley de Moisés.

Dice el Nuevo testamento:

«El ángel les dijo: 'No temáis, mirad que os traigo una buena noticia, una gran alegría que será para todo el pueblo: hoy, en la ciudad de David, os ha nacido un Salvador, que es el Mesías Señor'» (Lucas 2, 10-11).

«Justificados por el don de su gracia, en virtud de la redención realizada en el Mesías Jesús» (Romanos 3,24).

Dice el Corán:

«Dijeron: '¿Cómo vamos a hablar a uno que está en la cuna, un niño?' Él dijo: 'Yo soy el siervo de Dios. Él me ha dado el libro y me ha hecho *profeta*'» (Corán 44/19,29-30).

«He venido para confirmar lo que está antes de mí en la Torá» (Corán 89/3,50).

El relato coránico utiliza a María como recurso narrativo para negar el carácter divino de su hijo Jesús: cuando, estando en la cuna el niño, ella lo emplaza y el niño pronuncia un discurso para declarar que él es «siervo de Dios», al que llama «Señor» en lugar de Padre (Corán 44/19,29-36). De este modo, la misión de Jesús como siervo y profeta que simplemente confirma lo revelado por las escrituras anteriores, suplanta la misión del Mesías como Salvador y redentor. Hay una estrategia del Corán en contra de los Evangelios, que persigue descartar a la vez la filiación divina de Jesús y la idea cristiana de salvación. Porque, como es sabido, la teología islámica rechaza de plano la teología cristiana de la encarnación y la redención.

F. *La crucifixión de Jesús*

En los Evangelios, es fundamentalísimo el relato de la pasión y muerte de Jesús, de la que su madre es testigo, pues *María estuvo al pie de la cruz* con Jesús. Por el contrario, según la interpretación del Corán, Jesús el *Mesías no fue crucificado*, sino que otro ocupó su lugar en la cruz.

Dice el Nuevo testamento:

«Estaban de pie junto a la cruz de Jesús su madre y la hermana de su madre, María de Cleofás, y María Magdalena» (Juan 19,25).

Dice el Corán:

«Ahora bien, ellos no lo mataron, ni lo crucificaron, sino que eso les pareció» (Corán 92/4,157).

En el texto coránico, el desmentido de la crucifixión y muerte de Jesús está inserto en un contexto de polémica con los judíos. El versículo anterior los acusa de haber infamado a María por su embarazo. Y a continuación es cuando añade: «[Los judíos] no lo mataron, ni lo crucificaron, sino que eso les pareció. (…) Ellos ciertamente no lo mataron» (Corán 92/4,156-157). Por consiguiente, al no admitir el hecho histórico de la crucifixión, el Corán desacredita los Evangelios cristianos (por ejemplo, Marcos, capítulo 15). Al mismo tiempo, suprime una experiencia capital de la vida de María, al pie de la cruz en el Gólgota (Juan 19,25), como testigo de la crucifixión. También hay otras omisiones de momentos clave, como María en las bodas de Caná (Juan 2,13), o en el día de Pentecostés (Hechos 1,14).

G. *El concepto de Dios*

Los Evangelios contienen los elementos para la teología trinitaria de *Dios Padre, Hijo y Espíritu Santo* (aunque no sea en los términos de la dogmática posterior). El Corán defiende la unidad y unicidad de Dios, pero se confunde con la creencia de los cristianos acusándolos de tener a Jesús y a María como *dos dioses además de Dios*; o quizá distorsiona ese punto a propósito.

Dice el Nuevo testamento:

«Id, pues, y haced discípulos a todos los pueblos, bautizadlos en el nombre del Padre y del Hijo y del Espíritu Santo» (Mateo 28,19).

«Yo y el Padre somos uno» (Juan 10,30).

«El Espíritu Santo, que el Padre enviará en mi nombre, os lo irá enseñando todo» (Juan 14,26).

Dice el Corán:

«Cuando Dios dijo: 'iJesús, hijo de María! ¿Eres tú quien dijo a los humanos: 'Tomadme a mí y a mi madre como dos dioses, además de Dios'?'» (Corán 112/5,116).

La controversia sobre el concepto de Dios hace que el Corán ataque a los que llama «asociadores», por poner otros dioses junto al único Dios. Al menos en parte, este ataque va dirigido contra el cristianismo. Pero malentiende la concepción trinitaria del monoteísmo cristiano como si fuera un triteísmo, por no mencionar esa extraña inclusión de María formando parte de la Trinidad y tenida por diosa (Corán 112/5,116-118). De manera muy conveniente para sus fines, el Corán se sirve del personaje de Jesús, islamizado, para rechazar semejante disparate y, de paso, le hace que desmienta su propia divinidad.

Por otro lado, el Corán menciona una veintena de veces al espíritu, en relación con Dios, y tres de esas veces usa la expresión «espíritu santo» (Corán 70/16,102; 87/2,87; 87/2,253), pero evita toda consideración teológica al respecto. En resumen, la teología coránica sobre Dios se caracteriza por omitir toda designación de Dios como Padre, por desmentir la encarnación del Logos divino, el Hijo, y por desdibujar el sentido del Espíritu Santo.

Sin entrar a debatir el tema, baste señalar que los textos cristianos ponen en boca de Jesús el llamar a Dios «Padre» (Marcos 14,36). Además, el libro de los Hechos cuenta que cuando experimentaron la venida del Espíritu Santo, se hallaban reunidos los apóstoles junto con algunas mujeres y María, la madre de Jesús (Hechos 1,14 y 2,1-4).

H. La naturaleza de la revelación

Los Evangelios no son libros dictados por Dios, ni por un ángel, sino escritos por autores cristianos, y *lo que revela a Dios es una persona*, Jesús, que luego comunica el Espíritu santo. Por el contrario, el Corán repite que lo que se revela es un libro: *Dios hace descender un libro* sobre cada profeta, y afirma esto mismo en el caso de Jesús.

Dice el Nuevo testamento:

«Darás a luz un hijo y le pondrás de nombre Jesús. Será grande y se llamará Hijo del Altísimo, y el Señor Dios le dará el trono de David, su antepasado; reinará en la casa de Jacob para siempre y su reino no tendrá fin» (Lucas 1,31-33).

«Y la Palabra se hizo hombre, acampó entre nosotros, y hemos contemplado su gloria, la gloria que como Hijo único recibe de su Padre, lleno de gracia y de verdad» (Juan 1,14).

«Cuando venga el Espíritu de la verdad, os guiará hacia la verdad completa» (Juan 16,13).

Dice el Corán:

«Siendo un niño en la cuna, dijo: 'Yo soy el siervo de Dios. Él me ha dado el libro y me ha hecho profeta'» (Corán 44/19,29-30).

«El mes de ramadán, en el que descendió el Corán como dirección para los humanos» (Corán 87/2,185).

«María (…) En ella infundimos nuestro espíritu. Ella declaró verídicas las palabras de su Señor y sus libros. Y fue de las devotas» (Corán 107/66,12).

Así pues, conforme al concepto del Corán, lo que Dios revela son siempre libros. Lo que desciende de Dios es en cada caso un libro, como serían la Torá, el Evangelio y el propio Corán. Todos los libros revelados transmitirían el mismo mensaje divino; pero, al final, el Corán rechaza los otros dos para investirse él como único verdadero. Le atribuye a María la función, poco inteligible, de declarar verídicos los libros (Corán 107/66,12), como si quisiera dar a entender que ella autentificó el Corán. En realidad, parece utilizar la figura de María para reforzar la idea islámica de la revelación en forma de libro, idea que también proyecta sobre el cristianismo, infundadamente, porque sabemos que Jesús ni recibió, ni entregó ningún libro.

En definitiva, en el Corán, María aparece reinterpretada islámicamente, de manera que emite significados disonantes con respecto a los Evangelios. Los escribas del Corán utilizaron a la madre como medio para rebajar teológicamente a su hijo, expropiando a Jesús de los atributos que le reconoce el Nuevo testamento. Se trata de desprestigiar al cristianismo. Esta polémica formaba parte de la lucha de los sarracenos conquistadores contra la cristiandad bizantina, siria, mesopotámica, norteafricana y parte de la europea. La controversia teológica del Corán buscaba la legitimación religiosa de la yihad desplegada sobre el terreno, en las campañas militares que devastaron la civilización cristiana en Oriente Medio, el norte de África e Hispania.

Resultado de la comparación

En relación con los Evangelios, la figura de María en el Corán nos resulta extraña y carente de función propia. El relato de su maternidad es apócrifo, su inserción en la genealogía de Moisés es disparatada, y los atributos que la ensalzan, a saber, que preservó su virginidad, recibió el espíritu, era un signo para la gente, fue agraciada, devota y verídica, quedan en una declaración puramente episódica, pues no tienen ninguna repercusión posterior. Solo se la utiliza como medio para presentar a su hijo remodelado desde el punto de vista coránico.

De los análisis precedentes, cabe extraer una serie de conclusiones que recapitulamos brevemente a continuación:

1. Respecto a la figura de María, el Corán recoge algunos fragmentos de evangelios apócrifos y formula una mariología centrada solo en su infancia y su maternidad. El contexto donde surgió el islam era una sociedad ampliamente cristianizada, donde la devoción a María era muy importante y un medio para comunicar significados.

2. Las alabanzas iniciales se dirigen a apropiarse de María, en beneficio de las ideas islámicas. Pero, después del nacimiento de Jesús y su interpretación en términos mahometanos, el personaje de María desaparece por completo: ni hace ni dice nada más.

3. Pese a ser «escogida» y «purificada» (Corán 89/3,42), la descripción que se hace de su comportamiento no lo muestra tan ejemplar, sino

más bien ambiguo, pues se la dibuja como desesperada, cuando, ante los dolores del parto, deseaba haber muerto (Corán 44/19,23); o cuando estaba dispuesta a mentir para disimular lo que le había pasado (Corán 44/19,26).

4. En todo el relato, María está sola y va sola a dar a luz. Esto es: el Corán ha borrado a su esposo José, que, sin embargo, está muy presente en los mismos apócrifos utilizados, que son el *Protoevangelio de Santiago*, el *Evangelio árabe de la infancia* o el *Evangelio del Pseudo-Mateo*. Y, por supuesto, también en los Evangelios canónicos. Esto no es casual: dado que María «estaba desposada con un hombre de la casa de David, de nombre José» (Lucas 1,27), el borrarlo es otro modo de borrar la vinculación con la estirpe mesiánica.

5. En el mismo sentido, la genealogía de María, como «hermana de Aarón», que la vincula con Moisés, y no con David, implica un significado de gran trascendencia. David, rey de Israel, era considerado en la tradición judía como el epónimo del linaje mesiánico. El Mesías tenía que ser descendiente de David, «hijo de David». Por eso, desposeer a Jesús de su vinculación con la casa y familia de David constituye una forma subrepticia de invalidar su estatus de Mesías.

6. Otro punto de manipulación es cuando el Corán hace que María emplace a su hijo, recién nacido, para hablar y declarar que él solo es un sirviente de Dios y un profeta como los demás (Corán 44/19,30), con lo cual reniega de su categoría divina.

7. Calificar a María como «devota» que se prosterna ante su Señor (Corán 89/3,43; 107/66,12), viene a sugerir indirectamente que ella no es «objeto de devoción», una toma de posición en contra del culto mariano, muy difundido en las iglesias cristianas de la región donde surgió el mahometismo.

8. El apelativo de Jesús como «hijo de María» (repetido 23 veces) se emplea sistemáticamente como fórmula para negar la filiación divina de Jesús. Ahí «hijo de María» quiere decir «no hijo de Dios». De nuevo, se utiliza a María como soporte para el dogma islámico.

En definitiva, la figura de María en el Corán sirve a objetivos anticristianos. Pues el Corán opera como un antievangelio, en la medida en que se opone a la divinidad de Cristo y lo reduce a la categoría de profeta musulmán. El fin pragmático del texto coránico estriba en busca la legitimación del nuevo sistema de dominio militar en expansión, que acabaría dando origen al islamismo y a la civilización musulmana.

Se engañan quienes pretenden un diálogo basado en el común aprecio a la virgen María. Porque lo cierto es que María no constituye ninguna referencia que pueda unir a cristianos y musulmanes, sino todo lo contrario. Sus respectivas creencias no tienen nada en común, y unos no pueden aceptar las creencias de los otros sin apostatar. Pues, para los cristianos, María es la madre de Dios encarnado, mientras que para los musulmanes tal afirmación es una blasfemia execrable.

4.6. EL TEMA DE JESÚS

Podría plantearse una comparación entre la biografía de Jesús y la de Mahoma, en cuanto personajes fundadores respectivamente de la religión cristiana y de la religión islámica, pero no hay documentación, ni cabe en el propósito de estas páginas. En el presente apartado, nos centraremos en Jesús, para contrastar la versión de su figura que describimos por un lado en los Evangelios y, por otro, en el Corán.

Según el Nuevo testamento

En los textos cristianos, Jesús es presentado inequívocamente como el hijo predilecto de Dios, mucho más que un mero hombre o profeta. Y sus apóstoles lo proclaman como Maestro, Cristo/Mesías, Salvador del mundo, Logos de Dios humanado. Recordemos algunos pasajes.

«Se presentó Juan Bautista en el desierto (…) Acudía toda la comarca de Judea y los vecinos todos de Jerusalén, y él los bautizaba en el Jordán (…) Vino Jesús desde Nazaret de Galilea y fue bautizado (…) Vio el cielo abierto y al Espíritu bajar como paloma hasta él; y hubo una voz del cielo: 'Tú eres mi Hijo, el amado, en ti me he complacido'» (Marcos 1,4-5 y 9-11).

En los Evangelios, resalta un rasgo peculiar de Jesús, y es que llama a Dios «Padre» y anima a sus discípulos a llamarlo también así, como comprobamos en la oración del padrenuestro (Mateo 6,9-13).

«Mi Padre me lo ha entregado todo; al Hijo lo conoce solo el Padre y al Padre lo conoce solo el Hijo y aquel a quien el Hijo se lo quiera revelar» (Mateo 11,27).

Los cuatro Evangelios narran numerosos hechos, parábolas y discursos de Jesús, y todos los escritos neotestamentarios hacen su aportación a los primeros desarrollos de la cristología. Jesús anuncia el evangelio del reino de Dios, como maestro, pero además lo encarna en su persona y su misión, haciendo realidad la salvación prometida desde antiguo. Ahora bien, el reino de Dios que Jesús promueve no es de orden político, civil, o penal, ni está basado en la conquista militar, sino en valores éticos como los de las bienaventuranzas (Mateo, cap. 5) y en la acción del Espíritu.

Según narran los Evangelios, el impacto de sus enseñanzas y acciones produjo tal repercusión que inquietó a las autoridades religiosas de Jerusalén, que decidieron arrestarlo y entregarlo al poder romano:

«Llevan a Jesús al pretorio (…) Pilato preguntó (…) Respondió Jesús: 'Mi reino no es de este mundo'» (Juan 18,36).

El arresto terminó en la condena y la crucifixión de Jesús, acontecimiento central y fundamental, del que dan testimonio diversas fuentes. El evangelista Marcos lo describe así:

«Lo llevaron al lugar del Gólgota, que quiere decir Calvario. Le ofrecieron vino con mirra, pero él no lo tomó. Lo crucificaron y se repartieron su ropa (…) Era media mañana cuando lo crucificaron. El letrero con la causa de su condena llevaba esta inscripción: El rey de los judíos. (…) A media tarde, gritó Jesús con una gran voz: '*Eloí, Eloí, ¿lema sabactaní?*', que significa: '¡Dios mío, Dios mío! ¿por qué me has abandonado?' (…) Pero Jesús, lanzando una gran voz, expiró» (Marcos 15,22-37).

«Pasado el sábado, María Magdalena, María la de Santiago y Salomé (…) fueron al sepulcro. (…) No os asustéis. ¿Buscáis a Jesús de Nazaret, el crucificado? Ha resucitado, no está aquí» (Marcos 16,6).

El hecho es que la muerte y resurrección de Jesús adquirió un significado salvífico para sus seguidores. Los apóstoles y discípulos que lo habían seguido durante su actividad pública continuaron creyendo en él, se reorganizaron y prosiguieron su misión con el mismo Espíritu:

«Al llegar el día de Pentecostés, estaban todos reunidos en el mismo lugar [en Jerusalén]. De repente un ruido del cielo, como un viento recio, resonó en toda la casa donde se encontraban, y vieron aparecer unas lenguas como de fuego que se repartían posándose encima de cada uno. Se llenaron todos de Espíritu Santo y empezaron a hablar en diferentes lenguas» (Hechos de los apóstoles 2,1-4).

«[En Cesarea, en casa del centurión Cornelio] Todavía estaba hablando Pedro cuando bajó impetuosamente el Espíritu Santo sobre todos los que escuchaban la palabra. (…) quedaron desconcertados de que el don del Espíritu Santo se derramara también sobre los paganos» (Hechos 10,44-45).

Una teología de la filiación divina desvelaba el fundamento del mensaje de Jesús, el sentido de sus acciones, su vida, su crucifixión y su resurrección. Los primeros cristianos desarrollaron la idea de la encarnación del Logos y su misión redentora, en virtud de la presencia activa del Espíritu. Así, se significa la comunicación de Dios, que hace partícipes de sus dones no solo a Jesús, a los profetas y los apóstoles, sino a todos los humanos que confían en él. La cruz no era ya símbolo de muerte, sino que se transformó en símbolo de vida.

Para comprender mejor lo que representa Jesús y el cristianismo, surgidos dentro del judaísmo del Segundo Templo, es importante pensar lo que aportaba su movimiento de renovación en aquel contexto. Aunque el punto de partida inicial era la Ley de Moisés, Jesús y sus seguidores radicalizaron su interpretación y modificaron aspectos muy significativos, dando origen a lo característico del cristianismo:

1. La Torá de Moisés reclamaba un literalismo de la Ley revelada (Deuteronomio 27,8-10). Pero Jesús profundizó en el sentido de los principales mandamientos y relativizó los preceptos secundarios (Mateo 22,36-40).

2. La Torá establecía como norma de justicia aplicar la ley del talión (Éxodo 21,24). Pero Jesús la rechazó totalmente, exhortando a devolver bien por mal (Mateo 5,38-39).

3. En el Pentateuco, estaba prescrita la lapidación como pena por adulterio (Levítico 20,10; Deuteronomio 22,22-23). Pero Jesús se negó a aplicar semejante prescripción a una mujer sorprendida en adulterio (Juan 8,4-11).

4. La Torá consagraba la desigualdad jurídica de la mujer, por ejemplo en el repudio, que era privilegio del varón (Deuteronomio 24,1-4).

Jesús, en cambio, abogó por la igualdad de derechos de la mujer y el marido en el matrimonio (Marcos 10,2-16).

5. El Pentateuco reiteraba que Israel, los descendientes de Abrahán, Isaac y Jacob, eran el pueblo elegido por Dios, separado de los demás pueblos (Deuteronomio 7,6-10). Sin embargo, Jesús y sus apóstoles abrieron la promesa de Dios a los paganos, más allá de los límites de Israel (Marcos 7,24-31; Hechos 10,28-35; Gálatas 3,26-29).

6. El relato de Abrahán en el Génesis exigía la circuncisión a todos los varones del pueblo hebreo (Génesis 17,9-14). Pero los apóstoles cristianos derogaron su carácter obligatorio (Hechos 15; Gálatas 5,1-6 y 6,15).

7. La Torá hebrea dictaba leyes sobre alimentos, con prohibiciones específicas como el consumo de la carne de cerdo, entre otras (Deuteronomio 14,3-20). Pero los apóstoles de Jesús, Pedro y Pablo, suprimieron tales obligaciones (Hechos 10,12-16; Romanos 14,14).

8. La Torá imponía la observancia rigurosa del descanso del sábado y en otras fiestas, y prohibía todo trabajo esos días. El Éxodo decretaba incluso pena de muerte por trabajar en sábado (Éxodo 30,12-16). No obstante, Jesús y luego sus apóstoles flexibilizaron la rigidez de ese descanso (Mateo 12,1-12; Juan 5,16 y 9,16; Colosenses 2,16).

En contraste con esta libertad cristiana frente al Antiguo testamento, que no obstante era reconocido, comprobaremos en seguida las enormes disonancias existentes con respecto al islam, cuando analicemos los rasgos del personaje de Jesús que presenta el Corán. Ciertamente, un personaje en contradicción con el espíritu y la enseñanza del Jesús de los Evangelios.

Según el Corán

En el libro del Corán, las menciones de Jesús, a quien dedica alrededor de un centenar de versículos, las podemos resumir en los siguientes datos estadísticos, que luego habremos de interpretar:

El nombre de «Jesús» aparece 25 veces. De ellas, «Jesús», 9 veces; «Jesús, hijo de María», 16 veces (de las cuales, la expresión «Mesías Jesús, hijo de María», 3 veces).

El Corán denomina a Jesús «Mesías» en 11 ocasiones: «Mesías» solamente, 2 veces; «Mesías hijo de María», 8 veces; «Mesías hijo de Dios», 1 vez. Pero siempre en contextos polémicos.

La expresión más repetida es «hijo de María», que aparece 23 veces en total, de ellas 10 veces en la sura 5.

El término «Evangelio» [de Jesús] lo encontramos 12 veces (todas menos una en capítulos posteriores a la hégira). Los cristianos son calificados como el «pueblo del Evangelio» en una única ocasión (Corán 112/5,47).

El Corán no dedica ningún capítulo específico a Jesús. Los versículos sobre él están dispersos por una docena de capítulos. Pero solo cuatro de ellos (las suras 3, 4, 5 y 19) ofrecen un grupo de versículos que tratan de él. El Corán designa a Jesús con el nombre de *Isa* y no con la voz más común en árabe, que es *Yasú*, como lo llaman los árabes cristianos. Lo más característico es que se califique a Jesús como como hijo de María. Por lo general, el nombre de Jesús se utiliza con connotaciones tendentes a refrendar ideas coránicas. Veamos más en detalle la versión acerca de Isa/Jesús que ofrecen los cuatro capítulos del Corán aludidos.

Jesús en la sura 19 del Corán, titulada «María»

El capítulo 19 del Corán (en orden cronológico, el 44), relata que su nacimiento fue extraordinario. Después de haber ensalzado a su madre, María, que lo concibió de manera sobrenatural, llama a Jesús «hijo de María» (expresión que también se encuentra en Marcos 6,3; Mateo 13,55), y le confiere una categoría única, pero recalcando que es un simple humano. De modo que, en el Corán, la expresión «hijo de María» se contrapone sistémicamente a «hijo de Dios». Leamos las citas, algunas ya reseñadas al tratar del tema de María.

«A ella le enviamos nuestro espíritu, que se le apareció como un humano perfecto. (…) Dijo: 'He sido enviado por tu Señor para darte un muchacho puro'» (Corán 44/19,17-19; paralelo en: 73/21,91).

«Ella dijo: '¿Cómo tendré un muchacho, si ningún humano me ha tocado, y nadie ha abusado de mí?' Él dijo: 'Será así. Tu Señor ha dicho: Para mí es fácil. Y haremos de él un signo para los humanos y una misericordia de nuestra parte. Está decidido'. Ella quedó embarazada y se retiró con él a un lugar lejano» (Corán 44/19,20-22).

«Luego vino ella a su gente llevándolo [a Jesús]. Dijeron: 'María, has cometido algo inaudito. ¡Hermana de Aarón! Tu padre no era un hombre malvado y tu madre no fue una ramera'» (Corán 44/19,27-28; también: 89/3,33-36).

«Dijeron: '¿Cómo vamos a hablar a alguien que está en la cuna, un niño?' Él dijo: 'Yo soy el siervo de Dios. Él me ha dado el libro y me ha hecho profeta. Me ha hecho bendito allá donde esté y me ha ordenado el azalá y el azaque mientras viva. Y bueno con mi madre. No me ha hecho déspota, ni miserable. Paz sobre mí el día que nací, el día que muera y el día que sea resucitado vivo'. Este es Jesús, hijo de María. Una palabra de verdad, de la que ellos dudan» (Corán 44/19,29-34).

Así, según el Corán, Jesús nació por una intervención especial de Dios, asumió la misión de siervo de Dios, quien le entregó el libro del Evangelio y lo hizo profeta. Es identificado como hijo de María, expresamente en oposición a hijo de Dios. Con todo, es calificado como palabra de la verdad. Persisten ahí ciertas reminiscencias de una cristología previa más completa, de la que se han ido recortando prerrogativas, con el fin de moldear al personaje para que encaje dentro del punto de vista islámico, por lo que su figura adquiere un perfil muy ambiguo.

Subrayemos la frase que pone en labios de Jesús lo que parece ser una referencia a su muerte, como ya hemos visto: «Paz sobre mí el día que nací, el día que muera y el día que sea resucitado vivo» (Corán 44/19,33). Si se refiriera a la crucifixión, estaría en flagrante contradicción con la negación de su muerte en cruz que sustenta el mismo Corán, en otro lugar (Corán 92/4,157-159).

Un tema coránico recurrente es la polémica contra de la *filiación divina* de Jesús, una creencia esencial de los cristianos, para presentarlo como profeta al nivel de los otros profetas, por grande que sea.

«Lo mismo Zacarías, Juan, Jesús y Elías. Cada uno de ellos es de los virtuosos» (Corán 55/6,85).

«Os ha prescrito de religión lo que había ordenado a Noé, lo que te hemos revelado, lo mismo que habíamos ordenado a Abrahán, a Moisés y a Jesús: 'Estableced la religión y no os separéis por causa de ella'» (Corán 62/42,13).

«Cuando Jesús vino con las pruebas, dijo: 'He venido a vosotros con la sabiduría, y para manifestaros una parte de aquello en lo que discrepáis. Temed a Dios y obedecedme. Dios es mi Señor y vuestro Señor, adoradlo, pues. Este es un camino recto'» (Corán 63/43,63-64).

«Dimos a Jesús, hijo de María, las pruebas y lo fortalecimos con el Espíritu Santo» (Corán 87/2,87).

«Hemos creído en Dios, en lo que ha descendido hacia nosotros (…) en lo que fue dado a Moisés y a Jesús, y en lo que fue dado a los profetas, de su Señor. No hacemos ninguna distinción entre ellos» (Corán 87/2,136).

«Esos son los enviados. Hemos favorecido a unos por relación a otros. A alguno de ellos Dios le habló. A algunos de ellos los ha elevado de grado. Dimos a Jesús, hijo de María, las pruebas y lo fortalecimos con el Espíritu Santo» (Corán 87/2,253).

Jesús en la sura 3 del Corán, titulada «La familia de Amrán»

El capítulo 3 del Corán (en orden cronológico, el 89) dedica un bloque de versículos a Jesús (Corán 89/3,42-55 y 59-64). Vuelve a narrar al modo apócrifo la anunciación a María, luego menciona algunos rasgos estereotipados del supuesto proceder de Jesús y sus apóstoles, para acabar aludiendo a su elevación al cielo por parte de Dios, donde permanece como en estado de suspensión. No cesa una diatriba permanente que insiste en que es solo una criatura humana, remachando una posición contraria a todo el cristianismo ortodoxo del concilio de Nicea, que canonizó en su credo la filiación divina y una teología trinitaria.

«Cuando los ángeles dijeron: '¡María! Dios te anuncia una palabra de su parte, cuyo nombre es el Mesías Jesús, hijo de María, honorable en la vida de acá y en la vida eterna (…) Él hablará a los humanos en la cuna como un adulto. Y será de los virtuosos'. Ella dijo: 'Mi Señor, ¿cómo voy a tener un hijo, si ningún humano me ha tocado?' Él dijo: 'Será así. Dios crea lo que desea. Cuando decide algo, no tiene más que decir: ¡Sea!, y eso es'» (Corán 89/3,45-47).

«[Jesús dice:] 'Yo he venido a vosotros con un signo de vuestro Señor. Yo creo para vosotros de la arcilla una figura de pájaro, le soplo y se convierte en un pájaro, con la autorización de Dios. Yo curo al ciego de nacimiento y al leproso, y hago revivir a los muertos, con la autorización de Dios. (…) He venido para confirmar lo que está antes de mí en la Torá, y para declarar lícito parte de lo que os fue prohibido. Y he venido a vosotros con un signo de vuestro Señor. Temed a Dios y obedecedme. Dios es mi Señor y vuestro Señor, adoradlo, pues. Este es un camino recto'» (Corán 89/3,49-51).

«Cuando Jesús percibió su incredulidad, dijo: '¿Quiénes son mis auxiliares en la vía hacia Dios?' Los apóstoles dijeron: 'Nosotros somos los auxiliares de Dios. Creemos en Dios. Sé testigo de que somos sumisos. ¡Señor nuestro! Creemos en lo que has hecho descender y seguimos al enviado. Inscríbenos, pues, con los testigos'. Ellos conspiran y Dios conspira. Dios es el mejor de los conspiradores» (Corán 89/3,52-54).

«Cuando Dios dijo: '¡Jesús! Te llamaré, te elevaré hacia mí, te purificaré de los que no han creído y pondré a los que te siguen por encima de los que no han creído, hasta el día de la resurrección. Luego, regresaréis a mí. Y entonces juzgaré entre vosotros sobre aquello en lo que discrepabais'» (Corán 89/3,55).

El Corán le otorga a Jesús un lugar eminente, por cuanto atestiguan las pruebas, es decir, sus milagros, aunque a la vez remarca que los hace bajo la autoridad de Dios, no por sí mismo. También podemos advertir el eco de las disputas cristológicas entre unos grupos y otros, ante lo cual se confía al día del juicio el que Dios decida quién lleva razón. Pero, por lo pronto, el islamismo suscribe una posición enfrentada a todo el cristianismo ortodoxo, que proclamaba la filiación divina. En efecto, lo considera como simple criatura humana, una visión sin duda heredada del nazarenismo:

«Jesús, para Dios, es semejante a Adán, a quien creó de tierra, y luego le dijo: '¡Sé!', y fue. Esta es la verdad de tu Señor. (…) Al que dispute contigo a este propósito, después de que te llegó el conocimiento, di: 'Venid (…) imploremos y que caiga la maldición de Dios sobre los mentirosos'. Esta es la narración verídica. No hay más dios que Dios. (…) Di: '¡Gente del libro! Convenid en una palabra común entre nosotros y vosotros, que no adoremos más que a Dios, no le asociemos nada, y no tomemos unos a otros como señores fuera de Dios'» (Corán 89/3,59-64).

«Di: 'Hemos creído en Dios y en lo que descendió sobre nosotros, en lo que descendió sobre Abrahán, Ismael, Isaac, Jacob y las tribus, en lo que fue dado a Moisés, a Jesús y a los profetas de parte de su Señor. No hacemos ninguna distinción entre ellos. Y somos sumisos a él'» (Corán 89/3,84).

Tampoco deja de haber alusiones a cierta noción de pacto, o alianza de Dios, establecida a través de los profetas y de Jesús, pero en términos muy confusos, porque, para el Corán, la omnímoda libertad divina no puede comprometerse con nada ni con nadie mediante una alianza. El compromiso sería más bien por la parte humana, que contrae una obligación de obediencia a Dios.

«Cuando concertamos un pacto con los profetas, contigo, con Noé, Abrahán, Moisés y Jesús, hijo de María. Un pacto sincero» (Corán 90/33,7).

Jesús en la sura 4 del Corán, titulada «Las mujeres»

El capítulo 4 del Corán (en orden cronológico, el 92) es otro que también dedica una serie de versículos a Jesús y, en ellos, un punto capital de la interpretación coránica, que es el rechazo del hecho histórico de la crucifixión y la muerte de Jesús. En su lugar, asume la creencia de que fue elevado por Dios junto a sí, donde permanecerá hasta el día de la resurrección. Esta visión no era nueva, ya que tenía precedentes desde el docetismo y el gnosticismo cristianos del siglo II, tal como está recogido en los apócrifos *Hechos de Juan* y *Apocalipsis de Pedro*.

«[Los judíos] dijeron: 'Hemos matado al Mesías Jesús, hijo de María, el enviado de Dios'. Ahora bien, ellos no lo mataron, ni lo crucificaron, sino que eso les pareció. Los que discreparon a propósito de él, están en la duda sobre ello. No tienen ningún conocimiento, sino que siguen una presunción. Y ellos ciertamente no lo mataron. Dios, más bien, lo elevó hacia sí. (…) No habrá nadie entre las gentes del libro que no haya creído en él antes de su muerte. Y el día de la resurrección, él será testigo contra ellos» (Corán 92/4,157-159).

«Te hemos revelado como revelamos a Noé y a los profetas que lo siguieron. Y hemos revelado a Abrahán, a Ismael, a Isaac, a Jacob, a las tribus, a Jesús, a Job, a Jonás, a Aarón y a Salomón. Y hemos dado a David los salmos» (Corán 92/4,163).

Aunque el Corán reitera la inserción de Jesús en la larga saga de los profetas, sin embargo, se nota una oscilación entre considerarlo uno más, o bien otorgarle un lugar eminente por encima de ellos, en virtud de lo que atestiguan sus signos o milagros. Al parecer, de conformidad con ese versículo (completado con 89/3,84, ya citado), los musulmanes deben creer por igual en lo revelado a todos los profetas, incluido Jesús. Ahora bien, este aserto de la equiparación entra en una doble contradicción. Por un lado, choca con lo dicho acerca de que Jesús está unos grados por encima (Corán 87/2,253, tal vez una tesis nazarena); y por otro lado, es incoherente con el rechazo de las escrituras judías y cristianas en otros pasajes, así como con la pretensión de que el profeta árabe, Mahoma, supera a todos los demás como «sello de los profetas» (Corán 90/33,40), que es la tesis final, específicamente islámica.

A diferencia de los Evangelios, un rasgo un tanto extraño que se advierte en los capítulos coránicos es la ausencia prácticamente total de referencias geográficas y datos cronológicos: no se sabe ni el lugar, ni el tiempo en que ocurre la historia que se cuenta. Más aún, el texto incurre en algún que otro equívoco disparatado, como ya hemos analizado, cuando identifica a María, la madre de Jesús, como «hermana de Aarón» (Corán 44/19,28), según lo cual Jesús sería anacrónicamente sobrino de Moisés (que vivió doce siglos antes). Y lo reitera en tres suras diferentes, donde incluye a Jesús en la familia de Amrán, pues afirma que la mujer de este, padre de Aarón y Moisés, es la madre de María, la madre de Jesús (Corán 89/3,33-37); y lo vuelve a decir más claro, al llamar a María «hija de Amrán» que conservó su virginidad (Corán 107/66,12).

Se pueden leer otras menciones coránicas que aluden a Jesús y sus seguidores, descritos como meros continuadores de la tradición del profetismo anterior:

«Hicimos seguir sus huellas a nuestros enviados, e hicimos seguirlas a Jesús, hijo de María, y le dimos el Evangelio. Y pusimos en los corazones de quienes lo siguieron compasión y misericordia» (Corán 94/57,27).

Notamos la insistencia en interpretar a Jesús solamente como enviado y profeta, por especial que sea, a través de un reiterado pronunciamiento frontal contra la teología del cristianismo. A pesar de todo, el

Corán reconoce la singularidad de Jesús, por ejemplo, cuando lo denomina palabra y espíritu procedente de Dios, y cuando dice de él que recibió el Evangelio. En definitiva, no deja de sorprender que a Jesús se le atribuyan apelativos y pruebas muy superiores a los que se asignan a Mahoma (cuyo nombre, según la crítica textual, ni siquiera se menciona una sola vez en el Corán).

La realidad, no obstante, es que el Corán priva por completo a su figura de Jesús de todo contexto histórico. No localiza ninguna de sus acciones. No da el nombre de ninguno de sus apóstoles. Así que no queda nada de historia genuina, ni tampoco nada de interpretación compatible con el cristianismo.

Además, el Corán adjudica a Jesús dos intervenciones que resultan sumamente chocantes e inverosímiles. Una es que habría anunciado a un enviado futuro que los comentadores musulmanes identifican con Mahoma. Y la otra, que habría preguntado a sus apóstoles si estaban dispuestos a ser «auxiliares de Dios».

«Cuando Jesús, hijo de María, dijo: '¡Hijos de Israel! Yo soy el enviado de Dios a vosotros, para confirmar lo que está antes de mí en la Torá, y para anunciar un enviado que vendrá después de mí, cuyo nombre es Ahmad'» (Corán 109/61,6).

«¡Vosotros que habéis creído! Sed los auxiliares de Dios como Jesús, hijo de María, dijo a los apóstoles: '¿Quiénes son mis auxiliares en el camino de Dios?' Los apóstoles dijeron: 'Nosotros somos los auxiliares de Dios'. Entonces un grupo de los hijos de Israel creyó, y otro grupo no creyó. Fortalecimos a los que creyeron contra su enemigo, y lo vencieron» (Corán 109/61,14).

Respecto a lo primero, el versículo 109/61,6 incluye una frase que pretende ser una cita del Evangelio según Juan, pero se trata de una frase añadida y distorsionada, como un poco más adelante veremos. Y respecto a lo segundo, involucra una interpretación yihadista de Jesús y sus apóstoles (lo mismo que Corán 89/3,52), pues el significado de la expresión «auxiliares de Dios» denota a los que han sido reclutados para el combate armado en el camino de Dios. Esto se puede comprobar aún más explícitamente en el versículo 113/9,111.

El capítulo 5 del Corán (en orden cronológico, el 112, el antepenúltimo según Al-Azhar) nos proporciona una nueva tanda de referencias a Jesús, con un apretado sumario en el versículo 110. Jesús es presentado como enviado de Dios para confirmar la Torá hebrea y traer el Evangelio. No obstante, de su luminoso mensaje evangélico, en realidad, aparte de la supuesta confirmación de lo que ya había antes, no se indica absolutamente nada, mientras que claramente se convierte a Jesús en portavoz de tesis islámicas.

«No creen los que dicen: 'Dios es el Mesías, hijo de María'. Di: '¿Quién podría algo contra Dios, si él quisiera destruir al Mesías, hijo de María, y a su madre y a todos los que están en la tierra?'» (Corán 112/5,17).

«Hicimos seguir sus huellas a Jesús, hijo de María, que confirma lo que está antes de él en la Torá. Le dimos el Evangelio, donde hay dirección y luz, que confirma lo que está antes de él en la Torá, una dirección y una exhortación para los que temen» (Corán 112/5,46).

«No creen los que dicen: 'Dios es el Mesías, hijo de María'. Porque el Mesías dijo: '¡Hijos de Israel! Adorad a Dios, mi Señor y vuestro Señor. Quien asocie a Dios, Dios le prohíbe el jardín y su morada será el fuego. (...) No creen los que dicen: 'Dios es el tercero de tres'. Porque no hay más dios que un solo Dios. (...) El Mesías, hijo de María, no es más que un enviado, antes del cual pasaron otros enviados» (Corán 112/5,72-75).

«Los que no creyeron entre los hijos de Israel fueron maldecidos por boca de David y de Jesús, hijo de María. Eso porque desobedecieron y transgredieron» (Corán 112/5,78).

«Cuando Dios dice: '¡Jesús, hijo de María! Recuerda mi gracia hacia ti y hacia tu madre, cuando te fortalecí con el espíritu del santo, y hablaste a los humanos en la cuna como un adulto. Y cuando te enseñé la escritura, la sabiduría, la Torá y el Evangelio. Y cuando creaste del barro una figura de pájaro con mi autorización, luego le soplaste y se convirtió en un pájaro con mi autorización. Y cuando curaste al ciego de nacimiento y al leproso con mi autorización. Y cuando resucitaste a los muertos con mi autorización'» (Corán 112/5,110; repite en parte 89/3,49).

«Cuando revelé a los apóstoles: 'Creed en mí y en mi enviado'. Ellos dijeron: 'Hemos creído, sé testigo de que somos sumisos'. Cuando los apóstoles dijeron: '¡Jesús, hijo de María! ¿Puedes pedir a tu Señor que haga descender del cielo un banquete?' (…) Jesús, hijo de María, dijo: '¡Dios, Señor nuestro! Haz descender del cielo un banquete, que sea una fiesta para nosotros, para el primero y para el último, y un signo de tu parte'. (…) Dios dijo: 'Lo haré descender sobre vosotros'» (Corán 112/5,111-115).

«Cuando Dios dijo: '¡Jesús, hijo de María! ¿Eres tú quien dijo a los humanos: 'Tomadme a mí y a mi madre como dos dioses, además de Dios'?' Dijo: '¡Él sea exaltado! No me corresponde decir algo a lo que no tengo derecho. Si lo hubiera dicho, tú lo habrías sabido. Tú sabes lo que hay en mí, pero yo no sé lo que hay en ti. (…) No les he dicho más que lo que tú me habías ordenado: 'Adorad a Dios, mi Señor y vuestro Señor'. (…) Si tú los castigas, ellos son tus siervos'» (Corán 112/5,116-118).

Este capítulo 5, al recopilar el sumario de la actividad portentosa de Jesús, donde explicita las «pruebas» de lo que hizo, repite insistentemente que lo hacía con la autorización de Dios, o sea, no en nombre propio, con el objetivo de eludir la filiación divina. Podemos observar, además, una velada referencia a la eucaristía, en ese «banquete» (otros traducen «mesa servida») que desciende del cielo. Todo el relato hace caso omiso de las implicaciones soteriológicas que el ministerio de Jesús entraña en los Evangelios cristianos. Aquí se ensalza a Jesús solo para apropiarse de él y travestirlo como profeta del islam. De camino, se refuerza la invectiva contra la concepción cristiana de Dios, mediante un planteamiento confuso, que acusa a los cristianos de poner a María como persona divina, y mediante una tesis que recalca la subordinación de Jesús respecto a Dios: el Jesús coránico rechaza haber afirmado su propia divinidad y (en contradicción literal con el Evangelio de Juan) dice no conocer lo que hay en Dios.

En fin, en los últimos versículos coránicos referentes a Jesús, se anuncia que Dios combatirá a los cristianos, tildados de «asociadores» (Corán 113/9,30-31); mientras que promete un gran éxito a los que guerrean en el camino de Dios (promesa que, pretendidamente, estaría también en el Evangelio).

«Dios ha comprado las vidas y las fortunas de los creyentes con [la promesa de] que irán al paraíso. Ellos combaten en el camino de Dios, matan y se hacen matar. Y es una verdadera promesa suya en la Torá, el Evangelio y el Corán. ¿Quién cumple su compromiso mejor que Dios? Regocijaos de la lealtad que habéis acordado. Eso es un gran éxito» (Corán 113/9,111).

El punto esencial de discrepancia radica en que *el Corán descalifica a Jesús en cuanto hijo de Dios* y Mesías. En contraposición a la fe cristiana, que se funda en la creencia en la filiación divina de Jesús, el Mesías, el Corán insiste reiteradamente en que Dios no tiene ningún hijo, ni ha adoptado un hijo. Esta impugnación se estima de tanta trascendencia que la repite en más de veinte ocasiones, la mayoría en versículos anteriores a la hégira. La concepción teológica del Corán defiende un monoteísmo excluyente, que rechaza el monoteísmo modificado por la fe en un redentor, propio del cristianismo. El Dios coránico no tiene un hijo, ni admite hijos, sino solo siervos. Él es amo, no padre. Leamos, ahora, la recopilación en orden cronológico de las afirmaciones coránicas en este sentido polémico y anticristiano:

«Nuestro Señor, ¡su majestad sea exaltada!, no ha tomado ni compañera, ni hijo» (Corán 40/72,3).

«Aquel al que pertenece el reino de los cielos y la tierra, que no ha adoptado un hijo, y que no tiene asociado en su reino, lo ha creado todo y todo lo ha predeterminado» (Corán 42/25,2).

«No es propio de Dios adoptar un hijo. ¡Él sea exaltado! Cuando decide algo, no tiene más que decir: ¡Sea!, y es» (Corán 44/19,35).

«Dijeron: 'El clemente ha adoptado un hijo'. Habéis cometido algo abominable. Por ello, casi se rasgan los cielos, se abre la tierra y se derrumban las montañas, por haber atribuido un hijo al clemente. Pero no está bien que el clemente adopte un hijo. Todo el que esté en los cielos y en la tierra vendrá al clemente como siervo» (Corán 44/19,88-93).

«Alabanza a Dios, que no ha adoptado ningún hijo, que no tiene ningún asociado en el reino y que nunca ha tenido aliado frente a la humillación» (Corán 50/17,111).

«Dijeron: 'Dios ha adoptado un hijo'. ¡Gloria a Él! Él es quien se basta a sí mismo. Suyo es lo que está en los cielos y en la tierra» (Corán 51/10,68).

«Él es el inventor de los cielos y la tierra. ¿Cómo iba a tener un hijo, cuando no tiene compañera? Él lo ha creado todo. (…) Este es vuestro Dios, vuestro Señor. No hay más dios que él, creador de todo» (Corán 55/6,101-102).

«Pero dicen, a causa de su perversión: 'Dios ha engendrado'. Son mentirosos» (Corán 56/37,151-152).

«Si Dios hubiera querido adoptar un hijo, él hubiera escogido al que hubiera deseado entre lo que creó. ¡Él sea exaltado! Él es Dios, el único, el dominador» (Corán 59/39,4).

«[Jesús] no es más que un siervo a quien hemos agraciado, y lo hemos puesto como ejemplo para los hijos de Israel» (Corán 63/43,59).

«Si el clemente tuviera un hijo, entonces yo sería el primero de los adoradores. El Señor de los cielos y la tierra, el Señor del trono, sea exaltado por encima de lo que le atribuyen» (Corán 63/43,81-82).

«[Ha hecho descender un libro] para advertir a los que dijeron: 'Dios ha adoptado un hijo'. No tienen ningún conocimiento, ni ellos ni sus padres. Palabra muy gruesa la que sale de sus bocas. No dicen más que mentiras» (Corán 69/18,4-5).

«No hemos enviado, antes de ti, a ningún enviado al que no le reveláramos: 'No hay más dios que yo, adoradme, pues'. Dijeron: 'El clemente ha adoptado un hijo'. ¡Él sea exaltado! Son más bien siervos honrados» (Corán 73/21,25-26).

«Dios no ha adoptado un hijo, ni hay otro dios junto con Él» (Corán 74/23,91).

En los capítulos catalogados como posteriores a la hégira, se repite el mismo tema, pero se recrudecen los ataques, en contra de toda idea de filiación con respecto a Dios:

«Dijeron: 'Dios ha adoptado un hijo'. ¡Él sea exaltado! Más bien es suyo cuanto hay en los cielos y la tierra» (Corán 87/2,116).

«¡Gentes del libro! No exageréis en vuestra religión, y no digáis sobre Dios más que la verdad. El Mesías Jesús, hijo de María, no es más que un enviado de Dios y su palabra, que él emitió a María, y un espíritu de él. Creed, pues, en Dios y en sus enviados. No digáis 'Tres'. Absteneos, es mejor para vosotros. Dios no es más que un solo Dios. ¡Él sea exaltado! ¿Cómo puede él tener un hijo?» (Corán 92/4,171).

«El Mesías nunca lleva a mal ser siervo de Dios» (Corán 92/4,172).

«Los judíos y los nazarenos dijeron: 'Somos los hijos de Dios y sus predilectos'. Di: '¿Por qué, entonces, os castiga por vuestras faltas? Más bien sois humanos entre los que él ha creado'. (…) De Dios es el reino de los cielos y la tierra y lo que está entre ellos» (Corán 112/5,18).

«Los judíos dijeron: 'Esdras es hijo de Dios'. Y los nazarenos dijeron: 'El Mesías es hijo de Dios'. Estas son las palabras de sus bocas. Imitan la palabra de los que no creyeron antes. Que Dios los combata. ¿Cómo son tan perversos? Han tomado a sus doctores y sus monjes como Señores, fuera de Dios, lo mismo que al Mesías, hijo de María, cuando él les había ordenado no adorar más que a un solo Dios. No hay más dios que él. ¡Él sea exaltado sobre lo que le asocian!» (Corán 113/9,30-31).

Como hemos podido advertir, las once ocasiones en que el Corán denomina «mesías» a Jesús ocurren en capítulos posteriores a la hégira. Y, en los diferentes contextos donde aparece esa denominación, siempre se utiliza como una forma de ataque frontal contra las creencias cristianas (Corán 89/3,45; 92/4,157, 171 y 172; 112/5,17, 72 y 75; 113/9,30 y 31), con el fin de cimentar la tesis de que es tan solo un hombre.

En la deriva de esta contienda ideológica, el Corán acusa a los judíos y los cristianos de haber alterado o falsificado sus respectivas escrituras:

«Ay de aquellos que escriben el libro con sus propias manos y luego dicen: 'Esto es de parte de Dios', a fin de venderlo a bajo precio. Ay de ellos por lo que sus manos han descrito. Ay de ellos por lo que cometen» (Corán 87/2,79).

Se ve en la necesidad de mantener a ultranza esta acusación, porque, si Dios dio el libro del Evangelio a Jesús, como repite el Corán (112/4,46), y los Evangelios afirman que Jesús es el hijo de Dios, entonces habría que creer en esto, en abierta contradicción con la posición fundamental coránica. Ahora bien, en asunto de falsificaciones, la realidad probada por los investigadores, es que los textos de la Biblia se han transmitido fielmente, sin alteraciones reseñables en su contenido, mientras que no cabe afirmar lo mismo respecto al Corán, por lo que sus acusaciones quedan en entredicho.

Por lo demás, habría que clarificar de qué manera concreta concebían los autores del Corán el ser «hijo» de Dios, o ser adoptado como tal, pero lo más probable es que lo entendieran desde una interpretación demasiado antropomórfica. De todos modos, la disputa era mucho más antigua que el Corán, donde el argumento más repetido parece ser que, fuera de Dios mismo, todo es creación mundana sobre la que él domina, como el amo sobre sus esclavos. Lo que queda patente es que, en las últimas citas coránicas mencionadas, el tono polémico se torna más agresivo, en particular contra cristianos y judíos, presagiando la ulterior hostilidad histórica.

Las polémicas cristológicas desvelan, al final, un contexto de guerra, en sentido literal y figurado, contra los cristianos, no solo griegos y siríacos, sino también pertenecientes a la propia población árabe.

La figura de Jesús en el Corán contradice a los Evangelios

Al comparar la figura de Jesús en los Evangelios y en el Corán, en un primer momento, encontramos unos pocos elementos coincidentes, como que nació de una virgen, que hizo milagros, que es Palabra de Dios, Espíritu procedente de Dios. Pero, en seguida, caemos en la cuenta de que ese Jesús del Corán contrasta fuertemente con el de los relatos evangélicos, donde Cristo constituye una figura singular en la que se aúnan rasgos humanos y divinos, y cuyo mensaje soteriológico es absolutamente distinto.

Los pasajes coránicos referidos a Jesús ponen de relieve una concepción típicamente islámica, enmarcada dentro de la dogmática coránica. Si partimos del Jesús de los Evangelios, las afirmaciones del Corán significan una marcada contradicción, tal como puede colegirse en el resumen esquemático que enumeramos a continuación:

– En los Evangelios, Jesús se dirige a Dios como «Padre» y enseña a sus discípulos a llamarlo así en la oración del padrenuestro (Mateo 6,9 y 11,25). El Espíritu Santo es el que mueve a Jesús en toda su actividad. Pero, en el Corán, Jesús considera a Dios como «Señor», no como Padre (Corán 63/43,63; 89/3,49-51). No hay más Dios que el único Dios, omnipotente, al que hay que temer y obedecer, el que premia y castiga a quien él quiere. No hay misterio de la Trinidad.

– En los Evangelios, Jesús es presentado como el Hijo de Dios hecho hombre (Marcos 1,1; Mateo 16,16; Juan 20,31). Al ser bautizado por

Juan Bautista, una voz del cielo declara: «Este es mi hijo amado». Por contra, el Jesús coránico desmiente la filiación divina del mismo Jesús (Corán 19,88-92; 112/5,116). Asevera que Jesús el hijo de María no es hijo de Dios. El Corán, no obstante, lo llama enviado, palabra de Dios, espíritu, un signo para los humanos.

– En los Evangelios, la genealogía de Jesús lo presenta como descendiente de la casa de David, la estirpe mesiánica (Lucas, cap. 1). En cambio, para el Corán, Jesús es nieto de Amrán, el padre de María, convertida en hermana de Aarón y Moisés (Corán 89/3,35-36; 107/66,12), una genealogía anacrónica y absurda.

– El Jesús de los Evangelios es llamado Hijo de Dios vivo (Mateo 16,13-16) y el último Adán (1 Corintios 1,45). Mientras que el Jesús del Corán es solo como Adán, nada más que un hombre (Corán 89/3,59).

– Los Evangelios reconocen a Jesús como el Señor (Marcos 16,19-20; Juan 5,18). Por el contrario, el Corán califica a Jesús solo como un siervo ante Dios (Corán 44/19,30; 92/4,172).

– En los Evangelios, Jesús es el redentor o Salvador de la humanidad (Lucas 2,11; Romanos 3,24; 1 Corintios 1,30). Sin embargo, en el Corán, Jesús es reconocido solo como un enviado y profeta (Corán 44/19,30; 87/2,136), si bien con un papel especial de testigo el día del juicio (Corán 92/4,159).

– Según el Evangelio de Juan, Jesús es personalmente la revelación de Dios hecho hombre, que manifiesta la gloria del Padre (Juan 1, 14). Jesús es el Hijo que anuncia e inicia el Reino de Dios. En cambio, el Corán dice que Jesús recibió como revelación de Dios el libro del Evangelio, simple confirmación de lo que ya había antes en la Torá (Corán 112/5,46).

– En los Evangelios, Jesús realiza curaciones y milagros y expulsa a los demonios con su propia autoridad, como signo de la presencia del Reino de Dios. Pero el Corán, que admite que Jesús hizo milagros, subraya que lo hizo con autorización de Dios (Corán 89/3,49-51; 112/5,110); en algunos pasajes, le atribuye mayor categoría que a los demás profetas (Corán 87/2,253).

– El Jesús de los Evangelios, guiado por el Espíritu, antepone el bien del hombre al cumplimiento formal de ciertas normas. Y envió el Espíritu Santo a sus discípulos. En contraste, el Corán presenta a Jesús como alguien que rezaba el azalá y pagaba el azaque (Corán 44/19,29-34), como buen musulmán cumpliendo lo mandado.

– El Jesús de los Evangelios enseña a sus discípulos que renuncien a la violencia (Mateo 5,9 y 26,51-52; Lucas 9,54-55). Y en las bienaventuranzas sostiene la prioridad del amor a Dios y al prójimo, incluso el amor al enemigo. Su Reino no es de este mundo. En las antípodas, el Jesús coránico exhorta a sus apóstoles a combatir en el camino de Dios (Corán 89/3,52; 109/61,14), como si avalara la yihad, que justifica ejercer la violencia en nombre de la religión (Corán 113/9,111).

– En los Evangelios, Jesús celebra con sus apóstoles la última cena, donde instituye la eucaristía en víspera de su pasión y muerte (Marcos 14,14-20). Pero el Corán, que presenta a los apóstoles de Jesús rogándole que pida a Dios que haga descender del cielo un banquete para ellos (Corán 112/5,112-115), ignora u olvida la institución eucarística.

– Los Evangelios narran con detalle la pasión y muerte de Jesús en la cruz (Marcos, cap. 15). Condenado por Poncio Pilato, padece, muere en la cruz y es sepultado. Por el contrario, el Corán niega la muerte de Jesús y asegura que no fue crucificado (Corán 92/4,157-159), sino que otro murió en su lugar.

– En los Evangelios, es fundamental la resurrección de Jesús, que presupone su muerte (Marcos, cap. 16). Los discípulos se presentan como testigos de que su crucifixión y de que ha resucitado para salvación de la humanidad. En completa discrepancia, el Corán afirma que más bien Dios elevó hacia sí a Jesús (Corán 92/4,158) y allí aguarda hasta el último día. No cabe hablar de resurrección, dado que no murió.

– Según los Evangelios, Jesús es un Mesías pacífico y el reino de Dios va creciendo en la historia hasta su consumación (Lucas 17,20-21). En contradicción, el Corán, y sobre todo los hadices de Mahoma, describen el comportamiento de Jesús como un mesías guerrero, que retornará para ser testigo (Corán 89/3,55; 92/4,158-159) y aniquilará a los enemigos del islam, en particular a los cristianos.

Todas estas diferencias en la presentación de la figura de Jesús afectan a la esencia misma del personaje. No se puede decir que sea el mismo en los dos textos y, ciertamente, al cotejar ambas figuras, resultan antagónicas en su significación. No hay que recurrir a los primeros concilios de la Iglesia para evidenciar que hay un conflicto teológico y cristológico.

Basta tener en mente el Nuevo testamento cuando leemos el Corán. Si no renunciamos a la lógica, concluiremos que carece de sentido cualquier concordismo. Mientras los textos sean los que son, será vano todo intento de conciliar ambos retratos contradictorios de Jesús.

La doctrina del Corán contradice la enseñanza de Jesús

Paro las discrepancias no afectan solo al personaje, sino también a su enseñanza, al mensaje que transmite. En efecto, en el plano doctrinal, hay aspectos fundamentales del magisterio de Jesús reseñado en los Evangelios con los que colisionan los valores y normas establecidos en el Corán. Veamos, en resumen, algunos casos:

— Jesús no diviniza ningún texto escrito, sino que él es la palabra de Dios que se comunica y que envía el Espíritu a cuantos creen en él (Juan 14,16-17; Hechos 1,1-4). En cambio, el Corán se concibe como un libro hecho descender por Dios, que contendría su palabra literal, eterna e inmutable (Corán 39/7,2).

— Jesús reconoce, en varios momentos, la legitimidad autónoma del poder político y sus leyes (Marcos 12,14-17). Por el contrario, el Corán sacraliza un modelo de organización social y política, caracterizada por la sumisión estricta a una Ley atribuida a Dios y su enviado (Corán 90/33,36).

— Jesús rehúsa intervenir como juez en el reparto de una herencia (Lucas 12,13-14). En sentido opuesto, el Corán fija normas para la herencia y otros asuntos civiles (Corán 92/4,11-12).

— Jesús, en el sermón del monte, critica y rechaza la ley del talión (Mateo 5,38-42). Por el contrario, el Corán adopta y aplica el principio del talión (Corán 87/2,178-179, 194).

— Jesús no condena a la mujer sorprendida en adulterio, sino que la libra del castigo por lapidación establecido por la ley de Moisés (Juan 8,1-11). Muy al contrario, el Corán manda flagelar con cien azotes a los adúlteros (Corán 102/24,2); pero, según atestiguaba Omar, y corroboran los hadices, había un versículo, perdido, que mandaba la lapidación.

— Jesús enseña a devolver bien por mal y amar a los enemigos (Mateo 5,43-45). En las antípodas, el Corán ordena amedrentar a los enemigos, combatir contra ellos por todos los medios, subyugarlos o matarlos (Corán 88/8,39 y 60; 92/4,89).

– Jesús muestra que Dios perdona al extraviado, como se ve en la parábola del hijo pródigo (Lucas 15,11-32). Sin embargo, el Corán afirma que no hay que interceder por los que no creen, porque Dios no los perdonará jamás (Corán 104/63,6; 113/9,80).

– Jesús defiende la igualdad de derechos de la mujer en el matrimonio y el divorcio (Marcos 10,2-16). En cambio, el Corán estipula la supremacía masculina, así como el derecho del marido a pegar a su mujer, y a repudiarla (Corán 63/43,18; 92/4,34).

– Jesús apoya la monogamia y la indisolubilidad del matrimonio (Mateo 5,31-32). Por el contrario, el Corán legaliza la poligamia para los varones, hasta cuatro esposas (Corán 92/4,3).

– Jesús disculpa a sus discípulos cuando no observan la tradición de purificarse (Mateo 15,1-3). Luego, la práctica de la circuncisión fue suprimida por sus apóstoles. En cambio, el Corán establece causas de pureza e impureza, y los ritos para purificarse (Corán 92/4,43; 112/5,6). La pureza exige la mutilación genital masculina y femenina.

– Jesús declara puros todos los alimentos (Marcos 7,14-19). En sentido contrario, el Corán establece prohibiciones alimentarias (Corán 87/2,172-173).

– Jesús aprecia el vino y lo convierte en símbolo eucarístico para su comunidad en la última cena (Mateo 26,27-29). En cambio, el Corán prohíbe el vino por considerarlo obra del demonio (Corán 112/5,90).

– Jesús aconseja ayunar en privado (Mateo 6,16-18) y exime a sus discípulos de la obligación de ayunar (Mateo 9,14-15). Por el contrario, el Corán prescribe y reglamenta como obligatorio el ayuno durante el mes de ramadán (Corán 87/2,183-185).

– Jesús afirma que no hay un templo más santo que otro para adorar a Dios (Juan 4,20-23). Pero el Corán manda rezar mirando al santuario sagrado [de La Meca] (Corán 87/2,144).

– Jesús predica el reino de Dios, cura a los enfermos y pide renunciar a la violencia, Manda actuar así a sus discípulos (Mateo 4,23; 28,19-20). Al contrario, el Corán manda utilizar la fuerza armada contra los descreídos para someterlos, hasta que toda la religión sea de Dios (Corán 88/8,39; 113/9,5).

Si somos coherentes, concluiremos que la figura y la enseñanza de Jesús según los Evangelios y según el Corán son tan divergentes que ponen en evidencia la incompatibilidad existente entre ambos. La historia muestra, además, el antagonismo entre las civilizaciones que se inspiraron respectivamente en Jesús y en Mahoma. En realidad, no es posible acercarse al islam sin alejarse del cristianismo. Es necesario conocer esta verdad, para no caer en las redes del engaño apologético o irenista. Porque la imagen de Jesús mahometizada por el Corán contradice completa e irremisiblemente al Jesús de los Evangelios. El Corán es un libro declaradamente anticristiano. Y, como colofón, el Jesús de la tradición islámica es un mesías que vendrá al final de los tiempos, al frente de sus ejércitos, para destruir las cruces y aniquilar a los cristianos (según los hadices de Al-Bujari y Muslim).

Resultado de la comparación

Como ya mostramos más arriba, todas las veces que el Corán denomina «mesías» a Jesús lo hace en polémica contra el cristianismo. No es para postular, sino para neutralizar cualquier atribución a Jesús de un estatus superior al de simple hombre y profeta.

Podemos trazar un sumario retrospectivo de la cadena de olvidos y alteraciones semánticas que se advierten en el corpus coránico al tratar de Jesús, en contraste con los Evangelios. El Corán carece de todo fundamento para hablar de Jesús como lo hace. No tiene base cuando altera los relatos de la infancia, cuando oculta sus enseñanzas a los apóstoles y el mensaje del Reino de Dios, cuando calla las bienaventuranzas, las parábolas y el padrenuestro, cuando distorsiona el sentido de los milagros, cuando rechaza la filiación divina y la encarnación, cuando niega el hecho de la crucifixión y muerte, cuando soslaya el valor salvífico de su resurrección, cuando escamotea la redención de los pecados y la venida del Espíritu Santo sobre los creyentes, cuando omite el bautismo y la eucaristía, y menosprecia a la Iglesia.

¿Qué queda entonces en el Corán? Solo un Jesús mahometizado, una caricatura de profeta muslímico, que como tal manda obedecer a ese trasunto de ley mosaica que es la ley islámica, la cual preceptúa las reglas de pureza, las prohibiciones alimentarias, las prescripciones indumentarias, la discriminación de la mujer, la promoción de la esclavitud, el principio del talión y un régimen de castigos brutales. Todo esto codificado no solo como deber religioso, sino como norma jurídica de la sociedad, con pretensión de ser perfecta y tener derecho a imponerse al mundo entero sin desdeñar la fuerza. En el polo diametralmente opuesto al amor al prójimo, incluso a los enemigos, encontramos ahí un mandamiento de odio a los no creyentes y de combate contra ellos (la yihad) hasta someterlos a todos a la Ley islámica.

La conclusión clara es que el Jesús del Corán *no es* el Jesús de los Evangelios, sino su negación. Sus rasgos proceden en parte de escritos apócrifos y, sobre todo, de la secta de los nazarenos, judíos étnicos que habían formado una amalgama de judaísmo rabínico y cristianismo, sin pertenecer al uno ni al otro. Luego el Corán de los califas borró las huellas del nazarenismo, travistiendo a Jesús de musulmán, alguien que cumple con el azalá y el azaque, cuyo mensaje se limita a la doctrina de un Dios despótico y amenazador, cuya mesianidad equivale a promover la yihad, y que está en pie de guerra contra los judíos, los cristianos y todos los no creyentes, a los que se propone exterminar, en lugar de salvarlos.

Si reflexionamos en las implicaciones filosóficas y políticas, lo que se deduce del estudio comparativo es que los significados desplegados en el retrato coránico de Jesús, a través de lo discursivo y lo imaginario, imponen el *esquema lógico de una oposición* radicalmente insalvable en sí misma, que condiciona el modo de pensar: oposición entre Dios y el hombre (del tipo amo y esclavo), entre el profeta y sus seguidores (aquel manda, estos obedecen), entre los creyentes musulmanes y los no musulmanes (unos destinados a dominar, otros sin ningún derecho).

En tal concepción no se contempla la igualdad, ni el respeto al otro, sino solo la lucha por la dominación: Dios omnipotente castiga a quien él quiere. El profeta manda castigar y matar, y lo mismo su califa, siempre en nombre de Dios. La comunidad musulmana debe llevar a cabo la guerra (yihad) hasta derrotar a todos los no musulmanes, categorizados en esencia como enemigos de Dios y de Mahoma.

El mismo esquema jerárquico prevalece en las relaciones sociales del sistema islámico divinamente legislado: los maridos dominan sobre sus mujeres; los dueños compran y venden esclavos y tienen derecho a abusar de ellos, sobre todo de las esclavas; el poder político es despótico sobre los súbditos; los *infieles* vencidos forman parte del botín y los varones pueden ser asesinados; los *dimmíes* sometidos tienen un estatuto inferior y son extorsionados para el aprovisionamiento de la comunidad musulmana.

El musulmán en cuanto creyente no tiene que pensar mucho, sino someterse a la fatalidad de un orden teonómico, y por ende teocrático, y entregarse a la fatalidad de la lucha final para hacerlo triunfar en el mundo entero.

La elaboración de las narraciones cristianas, por el contrario, desarrolla significados donde entra en juego el *esquema de una mediación lógica que salva la distancia infinita* entre Dios y Jesús, estableciendo una comunicación abierta entre Dios y el hombre (relación Padre-hijo), entre el Mesías y sus seguidores (el mismo Espíritu los mueve a ambos), entre los cristianos y los no cristianos (todos son hijos de Dios y están llamados a recibir su Espíritu).

En esta última concepción, opera un mecanismo de pensamiento que permite mediar o superar las diferencias, que nunca son definitivamente antagónicas, pues se postula el respeto al otro: Dios quiere que todos se salven. El Mesías vino a servir y hasta dio la vida por la salvación de la humanidad. Los cristianos deben predicar el evangelio, pero persuasivamente y apelando a la libertad.

El mismo esquema de comunicación y pretensión de igualdad se traduce en las relaciones sociales preconizadas: la igualdad de derechos entre el hombre y la mujer; la abolición de la esclavitud; la autonomía del poder político, que debe respetar lo que hoy llamamos libertades civiles; todos, sean cristianos o no, tienen los mismos derechos como personas y ciudadanos; no hay discriminación jurídica en función de la religión.

En fin, en última decantación, parece justificado expresar así la quintaesencia de cada uno de estos dos sistemas, con su lógica respectiva, donde comprobamos cómo la distinta concepción sobre Jesús repercute en el plano teológico:

El Jesús del Corán refuerza una teología islámica basada en un modelo de relación servil con un Dios Amo, que conmina a someter la propia razón y obedecer a una Ley de Dios escrita de una vez para siempre como régimen definitivo de la sociedad. Y, por si fuera poco, impone el deber de emprender la guerra para extender esa teocracia, que opera a modo de utopía totalitaria.

El Jesús neotestamentario propone los fundamentos de lo que luego será la teología cristiana, basada en un modelo de relación filial con un Dios Padre, que invita a actuar como hijos de Dios, en una comunidad de personas libres y responsables, en busca siempre de la inspiración del Espíritu para guiarse en medio de las vicisitudes de la vida y la historia.

Ojalá todo esto pueda aclarar las ideas a quienes con buena voluntad dedican sus esfuerzos a un «diálogo islamo-cristiano» que resulta siempre falseado, porque se empeñan ingenuamente en un concordismo que no podrá ser más que una componenda, una quimera y una trampa: una ocultación de las creencias antagónicas de unos y otros.

4.7. EL TEMA DE MAHOMA

El personaje al que se llamó Mahoma suele ser considerado transmisor de las suras coránicas y fundador del sistema islámico. Se da por supuesto que él es el «enviado» y el «profeta» del que habla el Corán, aunque, en realidad, su nombre no está en el libro (si es cierto que las menciones que aparecen son añadidos tardíos). Su figura resulta capital para calibrar las diferencias con los Evangelios.

Según el Nuevo testamento

No hace falta demostrar que los escritos neotestamentarios, del siglo I, no pueden decir absolutamente nada sobre Mahoma, personaje del siglo VII. No obstante, puesto que existe una presunción musulmana de que, según el Corán, Jesús habría predicho la futura llegada del profeta Mahoma, deberemos examinar y refutar esa pretensión.

En efecto, la tradición musulmana sostiene que el advenimiento de Mahoma había sido anunciado por las escrituras, en la Torá judía (Jeremías 1,5) y en el Evangelio cristiano (Juan 16,7). Aunque el Corán acaba luego descalificando las escrituras judías y cristianas (Corán 112/5,48), vemos que, cuando le conviene, recurre a ellas en busca de apoyo. Así, la tradición islámica interpreta como prenuncio de la futura llegada de Mahoma un dicho que el Corán pone en boca de Jesús: «Yo soy el enviado de Dios a vosotros, para confirmar lo que está antes de mí en la Torá, y para anunciar un enviado que vendrá después de mí, cuyo nombre es Ahmad» (Corán 109/61,6). Y los comentaristas musulmanes interpretan que esta última frase remite al Evangelio según Juan.

Si tomamos el versículo coránico tal como ahora se lee, la crítica textual ha demostrado que la frase anunciadora en cuestión constituye una interpolación en el texto, y de hecho no aparece en cuatro manuscritos muy antiguos del Corán datados en el siglo VIII. Por otra parte, la argumentación de Juan Damasceno (m. 749) en sus controversias contra el profetismo de Mahoma no conoce dicha frase, de donde se infiere que no estaba en el Corán, pues, de haber existido, no es verosímil que no hubiera intentado rebatirla. Además, si analizamos lo que supuestamente dice, tampoco está claro a quien designa el término «Ahmad». La etimología de la palabra parece proceder del sobrenombre hebreo dado en la Biblia al profeta Daniel, que significa «predilecto» (Daniel 9,23 y 10,11). Véase un análisis del tema: http://www.lemessieetsonprophete.com/annexes/s.61%2C6_ahmad.html

Si entendemos debidamente los versículos del Evangelio de Juan (16,7-15) donde Jesús anuncia a sus discípulos que enviará un «paráclito», la suposición de que se trate de una referencia a Mahoma no puede ser más arbitraria. Frente a la ficción islámica de que Jesús anunció a Mahoma, toda la exégesis científica es unánime en que la promesa de Jesús se refiere al Espíritu Santo, que en efecto llegó el día de Pentecostés.

«Yo le rogaré al Padre y os dará otro Paráclito que esté siempre con vosotros, el Espíritu de la verdad» (Juan 14,16-17; también 15,26-27 y 16,7-14).

«El paráclito, el Espíritu Santo, que el Padre enviará en mi nombre, os lo enseñará todo y os recordará todo lo que os he dicho» (Juan 14,26).

«Cuando llegue él, el Espíritu de la verdad, os guiará a la verdad completa» (Juan 16,13). Y este mismo Espíritu es el que reciben los discípulos, según el relato del evangelista (Juan 20,22-23), y también el pasaje paralelo de los Hechos de los apóstoles (Hechos 2,1-4).

Por lo demás, carece de toda lógica pensar que Jesús hiciera ese tipo de predicción concreta sobre tal personaje futuro; es absurdo que, en su misión a los judíos, anunciara la venida de un profeta árabe para los árabes. Resulta irrisorio asignarle la función de precursor o heraldo de Mahoma. La realidad es que, en todo el Nuevo testamento, ni existe ni cabe ningún anuncio de un profeta futuro, puesto que lo que se remarca es que no hay que esperar ya a ningún otro.

Desde el punto de vista cristiano, puestos a rastrear posibles predicciones sobre Mahoma en los Evangelios, en clave de interpretación simbólica, se podrían seleccionar unos cuantos dichos, cuyo significado, a la vista de lo ocurrido en la historia posterior, parece justificado aplicárselos, al menos metafóricamente. Por ejemplo, estas citas que ponen en guardia contra los falsos profetas:

«Entonces, si alguien os dice que el Mesías está aquí o allí, no le hagáis caso. Pues surgirán falsos mesías y falsos profetas, que harán prodigios y portentos, hasta el punto de engañar, si fuera posible, a los elegidos» (Marcos 13,21-22).

«Surgirán muchos falsos profetas y engañarán a muchos» (Mateo 24,11; también Marcos 13,6 y Lucas 21,8).

«Cuidado con los profetas falsos, esos que se os acercan con piel de oveja, pero por dentro son lobos rapaces» (Mateo 7,15).

«Amigos míos, no deis fe a cualquier inspiración; sometedlas a prueba para ver si vienen de Dios, pues ya han salido en el mundo muchos falsos profetas» (1 Juan 4,1).

Según el Corán

Para creer lo que el islam dice que Mahoma transmite como enviado de Dios es necesaria previamente tener fe en Mahoma, pues esta constituye el presupuesto para todo lo demás. Sin asumir esta fe por anticipado, queda sin fundamento todo el sistema islámico: el Corán, los hadices del profeta, la ley de la *saría*, la yihad y la jurisprudencia.

En el Corán, el nombre Mahoma (*Muhammad*), que da título a la sura 47, aparece de forma expresa tan solo cuatro veces, todas en capítulos posteriores a la hégira. Pero, según el análisis histórico-crítico, en realidad, la palabra no es un nombre propio que designe al personaje supuesto, en ninguna de las cuatro ocasiones. Veamos las citas:

«*Mahoma* no es más que un enviado. Otros enviados han pasado antes que él» (Corán 89/3,144). Aquí no es un nombre propio, sino un calificativo que significa «hombre de predilección», «bienamado» (una expresión del libro de Daniel 9,23).

«*Mahoma* no ha sido el padre de ninguno de vuestros hombres. Pero es el enviado de Dios y el sello de los profetas» (Corán 90/33,40). Se trata verosímilmente de una transposición de algo que se había dicho sobre Mani, el fundador del maniqueísmo.

«Los que creyeron, hicieron las buenas obras y creyeron en lo que descendió sobre *Mahoma*, y es la verdad de su Señor, él les borró sus pecados» (Corán 95/47,2). El término aquí es un calificativo, igual que en Corán 89/3,144. Su significado sería: «creyeron en lo que reveló al predilecto», cuyo nombre se omite.

«*Mahoma* es el enviado de Dios. Los que están con él son duros con los descreídos, y misericordiosos entre ellos» (Corán 111/48,29). Como en casos anteriores, el significado es un calificativo. Algo así como «bienamado es el enviado de Dios».

El balance de la crítica filológica concluye que a Mahoma no se lo nombra ni una sola vez en el Corán. Las veces en que aparece ese nombre, lo más probable es que se trate de interpolaciones tardías.

Con todo, si concediéramos que las menciones coránicas indicadas se refieren al personaje Mahoma, los datos sobre él dicen lo siguiente: es solo un «amonestador», 144 veces (de ellas 130 en La Meca); «enviado», más de 160 veces, todas en suras de Medina; «enviado de Dios», 15 veces, de ellas 13 en suras de Medina; «profeta», 34 veces, todas en suras de Medina; «transmite» los mensajes de Dios, 14 veces (9 en La Meca, 5 en Medina). Por otro lado, la asociación de Dios y su «enviado» aparece más de 90 veces, todas ellas posteriores a la hégira, en Medina. Y la orden de obediencia a Dios y su enviado, 26 veces, todas también en Medina.

El hecho de que, en el Corán, el término «profeta» se asigne 34 veces, supuestamente a Mahoma, y que todas las veces sea en capítulos posteriores a la hégira, nunca antes, connota claramente que su significado es el de «profeta armado», de manera que posee un sentido político y militar, con un sesgo teocrático.

En el Corán en orden cronológico, se da una creciente asociación de «Dios» y su «enviado», un vínculo que se limita significativamente solo a los capítulos de Medina, donde aparece más de noventa veces (Corán 87/2,279; 89/3,101; etc.). Tanta insistencia muestra cómo semejante asociación, desconocida en los capítulos clasificados como de La Meca, se vuelve un punto esencial y sistémico para el islam.

De tal manera aparece el enviado asociado a Dios y tan completamente identificado con él que llega a resultar difícil distinguirlos. Se repite una y otra vez que obedecer a Dios consiste, tal cual, en obedecer a su profeta, presumiblemente Mahoma. Repito que las afirmaciones de que no solo hay que obedecer a Dios, sino también a su enviado, son, sin excepción, de la época posterior a la hégira.

«Cuando Dios y su enviado han decidido sobre un asunto, ni el creyente ni la creyente tienen opción en ese asunto. Quien desobedece a Dios y a su enviado está extraviado con un extravío manifiesto» (Corán 90/33,36).

«Obedeced a Dios y a su enviado» (Corán 88/8,1; 88/8,20; 88/8,46; 89/3,32; 89/3,132; 90/33,33).

«Temed a Dios y obedecedme a mí» (Corán 89/3,50).

«Obedeced a Dios, obedeced al enviado y a aquellos entre vosotros que tienen el poder» (Corán 92/4,59).

«Quien obedece al enviado, obedece a Dios» (Corán 92/4,80).

«Obedeced a Dios y obedeced al enviado» (Corán 95/47,33; 102/24,54; 108/64,12; 112/5,92).

«Haced el azalá, pagad el azaque y obedeced al enviado» (Corán 102/24,56).

«Haced el azalá, pagad el azaque y obedeced a Dios y a su enviado» (Corán 105/58,13).

Según estas aleyas, la obediencia a Dios, lejano, se cumple en la obediencia al enviado. Como si este equivaliera a aquel, o como si, en cierto modo, el enviado hubiera sustituido a Dios. Y es que no solo ocupa el lugar de Moisés, y el de Jesús, sino que, en la práctica, Mahoma ha sido elevado a la esfera divina, puesto que Dios y su enviado, a la par, proclaman su palabra (Corán 113/9,3), prohíben (Corán 113/9,29), dan su favor (Corán 113/9,59), juzgan las obras (Corán 113/9,94) y castigan.

Históricamente, Mahoma es un personaje oscuro del que se sabe muy poco con seguridad. Lo que cuentan de él la biografía de Ibn Hisham y las colecciones de hechos y dichos (hadices) carece de fiabilidad histórica, según los especialistas. Así que resulta muy problemático juzgarlo por los méritos que la tradición musulmana le atribuye, aunque a veces no quede otro remedio.

Acerca del presunto anuncio de la venida de Mahoma, ya analizado, la conclusión es que no existe en la Biblia nada en absoluto en ese sentido. Es evidente que lo que Jesús anunció y prometió a sus discípulos fue la venida del Espíritu Santo sobre ellos. El Espíritu que actúa como una inspiración interior, lejos de dictar una ley heterónoma.

Respecto a lo que cabe decir, dado el carácter inverificable del hecho de la revelación y de su veracidad, al final solo queda a nuestro alcance intentar objetivar algunos aspectos significativos de los documentos relativos a Jesús y a Mahoma, vistos como personajes históricos y fundadores religiosos.

Llama poderosamente la atención que el propio Corán ponga de manifiesto que Jesús es superior a Mahoma. En efecto, el Jesús descrito en el Corán posee características y atributos, algunos exclusivos, de los que Mahoma se halla absolutamente desprovisto en el mismo texto. Más aún, al parecer, la predicación inicial de Mahoma, de signo escatológico, lo que anunciaba era la venida inminente de Jesús como Mesías.

La exaltación póstuma de Mahoma, su mitificación y las sutilezas para situarlo a la altura o por encima de Moisés y de Jesús, purgando y reescribiendo el texto, no borraron del todo el carácter tan excepcional que el Corán original concedía a Jesús. Veamos la comparación de varios rasgos significativos de Jesús, descritos en el Corán, frente a los rasgos que se suponen referidos a Mahoma en el mismo libro:

— Jesús fue concebido como un «niño puro», sin pecado (Corán 44/19,19). Mahoma debía pedir perdón por sus pecados (Corán 60/40,55; 95/47,19; 111/48,2).

— Jesús nació de una virgen escogida por Dios (Corán 89/3,45; 107/66,12). El Corán no dice nada en absoluto sobre el nacimiento de Mahoma.

– Jesús fue anunciado desde su nacimiento como palabra de parte de Dios (Corán 89/3,45). Mahoma fue enviado solo como anunciador y advertidor (Corán 39/7,188; 61/41,4; 90/33,45).

– Jesús fue fortalecido de modo único con el Espíritu santo (Corán 87/2,87; 87/2,253; 112/5,110). De Mahoma no hay equivalente: de él solo se dice que el espíritu (el ángel) le bajó el libro (Corán 47/26,193; 70/16,102).

– Jesús descendía de la familia de Amrán, escogida por Dios (Corán 89/3,33). Mahoma no procedía de ninguna progenie profética.

– Jesús es designado como el Mesías (Corán 89/3,45; 92/4,171-172). Mahoma es llamado sello de los profetas (Corán 90/33,40).

– Jesús hizo milagros (Corán 89/3,49-51; 112/5,110). Mahoma no realizó ningún milagro (Corán 50/17,90-93).

–Jesús no murió, sino que fue elevado hacia sí por Dios (Corán 89/3,55; 92/4,158). Mahoma murió y fue enterrado en Medina.

– Jesús retornará y tendrá un papel en el juicio del último día (Corán 92/4,159). No se alude a ningún papel de Mahoma en el juicio final.

Según algunos exegetas modernos, los escribas califales se emplearon a fondo para borrar del Corán todo indicio de la singularidad cristológica propia de Jesús, aunque todavía se pueden hallar numerosos vestigios. Aparte de llamar a Jesús enviado y profeta, el Corán le otorga títulos como «el Mesías», «la Palabra de Dios» y «el Espíritu de él» (Corán 92/4,171), calificativos que no se aplican allí a Mahoma, ni a ningún otro.

El islam se define esencialmente en oposición al cristianismo:

Su testimonio de fe es específicamente una negación de la Trinidad ('No hay más dios que Dios'), sus escritos condenan absolutamente la encarnación de Dios en Jesús (asociacionismo condenado violentamente por el Corán) y condenan igualmente la divinidad del Espíritu Santo.

Los cristianos son maldecidos diariamente en el rezo ritual (hasta 17 recitaciones de la *Fatiha*, la primera sura coránica, que califica a los cristianos como 'extraviados' del 'camino recto' querido por Dios).

Los cristianos son condenados por el Corán y la tradición musulmana a sufrir la suerte de los *dimmíes* (impuesto oneroso, trato humillante, limitaciones de culto, estatuto de inferioridad).

FLORENCE MRAIZIKA
Le Coran décréé, 2018.

CAPÍTULO 5

COMPARACIÓN DE TEMAS CON SENTIDO RITUAL

Pasamos ahora a otro dominio de la comparación, referente a la forma expresiva del rito. Este abarca las numerosas actuaciones de índole simbólica, gestos junto con palabras que rememoran y dramatizan los relatos históricos o mitológicos. Cumplen en el culto la función de representar de manera figurada la visión del mundo compartida y hacen participar emocionalmente a la comunidad de creyentes.

Entre los temas de tipo ritual están incluidos los llamados tópicamente «pilares del islam», que son condiciones de ingreso y pertenencia: la profesión de fe; el rezo o azalá con prosternación; la limosna o azaque, que es un tributo obligatorio; el ayuno en el mes de ramadán; y la peregrinación a la caaba de La Meca. Estos «pilares» ya existían antes del islamismo, que los adaptó. Pero hay otras muchas obligaciones rituales (orientación de la alquibla, calendario de días festivos, ayuno, sacrificio del cordero, normas de pureza e impureza, alimentos, indumentarias, juramentos, etc.).

En este capítulo, seleccionamos para el análisis algunos de los principales componentes de significación ritual: el tema del rezo; el tema del tributo; el tema de la peregrinación; el tema de la circuncisión; el tema de lo puro y lo impuro; el tema del velo femenino; y el tema de los sacrificios cruentos.

Como puerta de entrada a la religión islámica, está el rito de la profesión de fe que se le exige a todo musulmán para formar parte de la comunidad religioso-política: «No hay más dios que Dios, y Mahoma es el enviado de Dios». Esta fórmula como tal no se encuentra en el Corán, donde solamente se menciona el primer miembro (Corán 38/38,65; 56/37,35; 89/3,62). El segundo miembro, que expresa la fe en Mahoma como enviado, asociándolo con Dios, se añadió probablemente a finales del siglo VII. Esta profesión de fe se entiende también como una declaración monoteísta anticristiana, antitrinitaria.

Los rituales islámicos funcionan como una liturgia consistente en su testimonio público, sin que propiamente requiera convicción interior. Lo que obliga al creyente no es tanto expresar una fe personal, sino, ante todo, cumplir sumisa y públicamente lo que está mandado. La dinámica de los rituales va enfocada a acrecentar el temor a Dios, con el fin de reforzar la obediencia a él y a Mahoma, en la creencia de que «quien obedece al enviado ha obedecido a Dios» (Corán 92/4,80). En este sentido, el mahometismo manifiesta una fuerte tendencia totalista, en la medida en que ritualiza el control de la vida entera, tanto pública como privada. Al mismo tiempo, instaura barreras normativas de toda índole, destinadas a separar radicalmente la colectividad musulmana de los no musulmanes.

En tal contexto, en la sociedad muslímica no hay margen para la libertad de culto, ni para la manifestación pública de ninguna otra creencia religiosa o ideológica. Quien abandona la religión islámica se arriesga a penas de cárcel e incluso a una sentencia de muerte. Por la misma razón, las propuestas de reforma aperturista del islam desde dentro siempre han costado la vida a los reformadores.

El espíritu de las prácticas rituales islámicas, marcado por el Corán, difiere en gran medida del espíritu de los ritos o sacramentos cristianos, por más que en algunos casos tengan orígenes comunes. Lo comprobaremos a continuación, al efectuar análisis de varios temas significativos coránicos y compararlos con pasajes del Nuevo testamento referidos a un tipo de ritual análogo.

5.1. EL TEMA DEL REZO

Los comportamientos en la plegaria representan el modo de entender la relación con Dios, interpretada conforme al sesgo dogmático de cada sistema religioso. De ahí que observemos en el rezo actitudes muy distintivas, en las que contrasta la doctrina del cristianismo y la del islamismo.

Según el Nuevo testamento

Para ver más de cerca las diferencias entre los Evangelios y el Corán, en este tema hacemos la comparación en cada uno de varios aspectos seleccionados, como son: la actitud del que reza, el estado de pureza requerido para la plegaria, la postura de prosternación, el uso de las palabras en el rezo, la relación de la oración con los enemigos y con la justificación de la violencia.

A. La actitud del que ora

En el Evangelio según Mateo, Jesús anima a la *oración en privado* y exhorta tener *confianza en Dios Padre* al orar. Para los musulmanes, el *rezo es público y obligatorio*, y en él se recomienda sobre todo el *temor al Señor*, que está vinculado a obedecer a Mahoma.

Dice el Nuevo testamento:

«Cuando oréis, no hagáis como los hipócritas, que les gusta rezar de pie en las sinagogas y en las esquinas para que los vea la gente. En verdad os digo que ya han recibido su recompensa. Tú, en cambio, cuando quieras rezar, entra en tu cuarto, cierra la puerta, y rézale a tu Padre, que está en lo secreto; y tu Padre, que ve lo secreto, te recompensará» (Mateo 6,5-6).

Dice el Corán:

«Elevad el rezo y temedlo» (Corán 55/6,72).

«Sabed que no hay más Dios que yo. Temedme, pues» (Corán 70/16,2)

«Temedlo y elevad el rezo» (Corán 84/30,31).

«Elevad el rezo, pagad el tributo y obedeced a Dios y a su enviado» (Corán 90/33,33; 105/58,13).

«Elevad el rezo, pagad el tributo y obedeced al enviado» (Corán 102/24,56).

«Cuando se llame al rezo el viernes, apresuraos a acordaros de Dios» (Corán 110/62,9).

Como ya hemos indicado, el rezo de los musulmanes tiene carácter obligatorio y público, es un acto social. Deben hacerlo cinco veces al día, y los viernes en la mezquita. Y lleva consigo compromisos políticos. Por parte cristiana, en el Evangelio de Mateo, Jesús critica la ostentación pública en el rezo, e insiste más bien en un tipo de oración personal y en privado; aunque los cristianos también practican la oración en comunidad. En un caso se destaca el temor del siervo ante el Señor omnipotente, en el otro se acentúa la confianza en Dios como Padre.

B. El estado de impureza y la purificación

Para hacer la oración, los Evangelios no requieren abluciones, ni estado de pureza, sino que uno *se reconcilie antes con su hermano*. El islam exige requisitos de pureza ritual y legal, en particular hacer las abluciones *antes del rezo para purificar* el cuerpo y el estado legal irregular del creyente.

Dice el Nuevo testamento:

«Si mientras llevas tu ofrenda al altar te acuerdas de que tu hermano tiene algo contra ti, deja la ofrenda delante del altar, ve primero a reconciliarte con tu hermano y después ve a llevar tu ofrenda» (Mateo 5,24).

Dice el Corán:

«Cuando os levantéis para el rezo, lavaos la cara y las manos hasta los codos. Pasad las manos por la cabeza y [lavaos] los pies hasta los tobillos. Si estáis impuros, entonces purificaos. Si estáis enfermos o de viaje, si uno de vosotros viene del lugar excusado, o si habéis tocado a las mujeres, y no encontráis agua, buscad tierra buena y frotaos la cara y las manos» (Corán 112/5,6).

En la normativa coránica, hay acciones por las que uno incurre en estado de impureza legal y, por eso, necesita purificación, con las abluciones prescritas, antes del rezo. El cristianismo es ajeno a esas nociones de pureza/impureza y no impone ningún requisito de ese tipo para orar. La única condición es de orden moral: estar reconciliado con el prójimo.

C. La postura de prosternación

A los cristianos no se les prescribe ninguna postura especial en la oración. Los musulmanes deben realizar durante el rezo una serie de gestos, reverencias y posturas, entre las que destaca la *prosternación*, dando con la frente en el suelo.

En el Nuevo testamento:

No encontramos en los Evangelios ningún mandato específico que prescriba unas posturas rituales durante la oración.

En el Corán:

«¡Vosotros que habéis creído! Arrodillaos, prosternaos, adorad a vuestro Señor y haced el bien» (Corán 103/22,77).

El capítulo 32 del Corán se titula precisamente «La prosternación». Y de prosternación se habla más de sesenta veces en el libro, en varios sentidos, pero, en los momentos del rezo, se trata de una postura taxativamente obligatoria. El simbolismo de prosternarse evoca el sometimiento del esclavo al amo, el modo de saludo servil a los sátrapas orientales. Ante Dios, escenifica la actitud de temor y sumisión total para hacer lo que está mandado, pues solo así se establece el bien.

D. *El uso de la palabra*

En el Evangelio según Mateo, Jesús recomienda *evitar la palabrería* al orar, porque Dios ya conoce las necesidades que tenemos. El Corán multiplica los nombres con los que designa a Dios y lo que le preocupa parece ser *el tono de voz adecuado al rezar*.

Dice el Nuevo testamento:

«Cuando recéis, no seáis charlatanes como los paganos, que se figuran que por su palabrería serán escuchados. No seáis como ellos, pues vuestro Padre sabe lo que necesitáis antes de que se lo pidáis» (Mateo 6,7-8).

Dice el Corán:

«Invocad a Dios, o invocad al compasivo. Comoquiera que invoquéis, él posee los mejores nombres. En el rezo no grites ni susurres, sino busca un término medio» (Corán 50/17,110).

La oración vocal se expresa, claro está, con palabras, que se recitan, leen, salmodian o cantan. En el islamismo, la fórmula más utilizada y prescrita en el rezo es la sura número uno; pero se fomentan otras formas de invocación como los noventa y nueve nombres divinos. El Corán pondera sobre todo que se tenga cuidado con el tono de voz al rezar. Los Evangelios, por su lado, advierte de que no se caiga en la palabrería, da importancia a la relación filial con Dios y propone como modelo de oración el padrenuestro.

E. *La oración y los enemigos*

En los Evangelios, Jesús considera a todos como hijos de Dios, como prójimo, y, en el sermón de la montaña, manda *orar por los enemigos*. El rezo diario de los musulmanes repite, con la primera sura, la incriminación *contra los enemigos*, que son los judíos y los cristianos.

Dice el Nuevo testamento:

«Vosotros rezad así: Padre nuestro que estás en los cielos, santificado sea tu nombre, venga tu reino» (Mateo 6,9-10).

«Pero yo os digo: Amad a vuestros enemigos, haced bien a los que os odian; bendecid a los que os maldicen, rezad por los que os injurian» (Lucas 6,27-28).

Dice el Corán:

«Dirígenos por el camino recto, el camino de quienes tú has agraciado, no el de quienes incurren en tu cólera, ni el de los extraviados» (Corán 5/1,6-7).

Este último versículo, que forma parte de la principal plegaria musulmana, acusa de ir por el mal camino a los judíos y a los cristianos. Pues, según la exégesis islámica, los que «incurren en la cólera de Dios» son los judíos, y los que andan «descarriados» son los cristianos. Así, la repetición constante de estas ideas (diecisiete veces al día) opera como una especie de pedagogía del odio. Esto lo confirman los alrededor de doscientos versículos contra los judíos y alrededor de cien contra los cristianos que contiene el Corán. Y es sabido que, cuando el Corán señala a los que no van por el «camino recto», está legitimando el «combate en el camino de Dios», es decir, la yihad contra ellos. En fuerte contraste, los Evangelios, como muestran las bienaventuranzas, exhortan a amar a los enemigos, porque Dios es Padre de todos, que hace llover sobre justos e injustos, y ofrece a todos su salvación.

F. La oración y la justificación de la guerra

Los Evangelios y las epístolas neotestamentarias sustentan el planteamiento de que debemos *vencer al mal con el bien*. El Corán proclama que los que se prosternan y adoran son los mismos que se entregan a la violencia con fines sagrados, haciendo aparecer al islam como una *religión para la guerra*, que se expande por la espada.

Dice el Nuevo testamento:

«Pues yo os digo que no opongáis resistencia al malvado» (Mateo 5,39).

«No devolváis a nadie mal por mal, proponeos haced el bien ante todos los hombres» (Romanos 12,17).

«No te dejes vencer por el mal, antes bien, vence al mal con el bien» (Romanos 12,21).

Dice el Corán:

«Dios ha intercambiado las vidas y las fortunas de los creyentes [por la promesa de] que irán al paraíso. Ellos combaten en el camino de Dios, matan y se hacen matar. Una verdadera promesa suya (…) Estos son los que se arrepienten, adoran, alaban, ayunan, se arrodillan, se prosternan, ordenan lo lícito y prohíben lo ilícito, y observan las normas de Dios» (Corán 113/9,111-112).

En el Corán, descubrimos una íntima conexión entre el rezo y la guerra. Aparece claramente plasmada en el capítulo 9, el penúltimo en orden cronológico, lo que quiere decir que cualquier disposición anterior que diga otra cosa está abrogada. Allí se afirma que Dios ha hecho un contrato con los que luchan en la yihad armada: sus vidas a cambio del paraíso. Por eso, están decididos a matar y morir. Y precisamente estos que combaten en la yihad encarnan la realización del musulmán perfecto: son los que de verdad adoran, ayunan, se prosternan, imponen el bien y persiguen el mal, como Dios y Mahoma mandan. Por eso, en el islam, se llama «mártir» al que muere matando. El ejercicio de la violencia armada y el terror constituyen una acción tan meritoria y excelente que equivale al cumplimiento perfecto de todos los deberes sagrados de la religión islámica. Aquellos que combaten, están adorando; de modo que no hay mejor oración que la guerra contra los no musulmanes, categorizados como enemigos de Dios.

Aunque acabamos de exponer diferentes aspectos de las recomendaciones coránicas con referencia al rezo, podemos perfilar un poco más sus preceptos. El Corán manda elevar el rezo dos veces al día solamente (Corán 52/11,114). Pero la tradición estableció luego rezar el azalá cinco veces al día. La forma islámica de rezar sigue unas reglas estrictas: abluciones para purificarse, gestos corporales, prosternaciones, plegarias predeterminadas (que incluyen siempre la primera sura coránica), etc. El cumplimiento de la adoración a Dios es de naturaleza pública, como hemos dicho, y su significación es acorde con el conjunto del sistema religioso y político.

El texto coránico confiere la máxima importancia a hacer el azalá, el rezo público, pues lo ordena insistentemente, hasta en 75 ocasiones.

«Yo soy Dios. No hay más dios que yo. Adórame, pues, y eleva el rezo para que te acuerdes de mí» (Corán 45/20,14).

El cambio de la orientación adonde se mira durante el rezo no aparece en los manuscritos más antiguos del Corán. Por tanto, los versículos 87/2,143-145 y 111/48,24 tuvieron que ser añadidos en la época abasí. Con seguridad, al principio, al hacer el rezo, Mahoma y el preislam nazareno dirigían la mirada hacia Jerusalén. De hecho, el mihrab de las mezquitas construidas durante el primer siglo, en época del islam embrionario, no apuntaba hacia La Meca, sino hacia Petra. Y solamente más tarde, a mitad del siglo VIII, con los califas abasíes, se generalizó la alquibla orientada a La Meca.

La forma de hacer el rezo está estrictamente reglamentada, tanto las purificaciones previas como los gestos y posturas que deben adoptarse, en particular la prosternación:

«¡Vosotros que habéis creído! Cuando os levantéis para el rezo, lavaos la cara y las manos hasta los codos. Pasad las manos por la cabeza y [lavaos] los pies hasta los tobillos. Si estáis impuros, entonces purificaos» (Corán 112/5,6).

«¡Vosotros que habéis creído! Arrodillaos, prosternaos, adorad a vuestro Señor y haced el bien. Quizá tendréis éxito» (Corán 103/22,77).

Con la prosternación, la liturgia del rezo hace suyo y reitera simbólicamente un gesto tomado del sometimiento servil ante el poder político. En contraste, los cristianos contemporáneos de la época del islam naciente oraban de pie.

Como ya quedó dicho, durante la ceremonia del rezo se repite la primera sura del Corán, cuyo versículo 7 incluye acusaciones incriminatorias contra los judíos y los cristianos, a quienes culpa por haberse alejado del camino recto.

Por último, cabe señalar que la adoración de Dios en el culto islámico cuenta, en ciertas circunstancias, con sacrificios cruentos de animales. Por ejemplo, el sacrificio del cordero en la fiesta conmemorativa de Abrahán. Pero hay otras formas y ocasiones, como más adelante se verá.

Resultado de la comparación

Hemos ido presentado resumidamente una serie de contrastes entre los Evangelios y el Corán, con respecto a la oración, subrayando su distinto significado. No es necesario repetirlo ahora. En síntesis, todo el armazón de deberes rituales islámicos promueve en sus adeptos una visión del mundo, una trama de emociones y unas pautas de comportamiento práctico que justifican la difusión de la fe por medio de la espada, y que, en cuanto sistema, resultan incompatibles con los fundamentos del cristianismo y de la civilización occidental. Porque, en este y otros aspectos, las doctrinas del Corán entran esencialmente en colisión con las de los Evangelios. Basta que examinemos, como hemos hecho más arriba, las enseñanzas cristianas: la imagen paternal de Dios, la relación personal con él, la filiación divina de Jesús, el valor salvífico de su muerte y resurrección. Las consecuencias implicadas en la aceptación de la fe cristiana significan lisa y llanamente la repulsa total de la dogmática islámica.

El planteamiento de fondo del cristianismo tiende a contener y deslegitimar la violencia, al concentrar simbólicamente toda la violencia en Cristo crucificado, y al afirmar que su sacrificio basta para la salvación de la humanidad: ya no tienen justificación más muertes. Hay que buscar otros caminos para la reconciliación de todos los hombres.

5.2. EL TEMA DEL TRIBUTO

La práctica religiosa de los miembros de una comunidad suele incluir alguna clase de aportación económica, que puede ser en forma de limosna o ayuda dada libremente por cada cual, según su devoción y generosidad, o bien consistir en una contribución requerida y estipulada de manera obligatoria por la autoridad.

Según el Nuevo testamento

Los Evangelios no establecen norma general en el asunto de las aportaciones económicas. El libro de los Hechos narra que, en la primera comunidad de Jerusalén, ponían bienes en común voluntariamente, pero tal práctica no llegó a consolidarse y se abandonó pronto. Lo que Jesús enseñó es que se busque la justicia y que, cuando se dé limosna, se haga sin ostentación y sin buscar recompensa:

«Cuidad de no practicar vuestra justicia delante de los hombres para ser vistos por ellos; de lo contrario no tendréis recompensa de vuestro Padre celestial. (...) Cuando hagas limosna, que no sepa tu mano izquierda lo que hace tu derecha; así tu limosna quedará en secreto; y tu Padre, que ve en lo secreto, te recompensará (Mateo 6,1-4).

Según el Corán

El Corán alude al tributo, o azaque, en 30 ocasiones. Constituye una exigencia fundamental para los seguidores del profeta, como muestra de adhesión a él y su causa. Los mejores musulmanes son aquellos que invierten su propia fortuna en el «camino de Dios», que es la yihad (cfr. Corán 87/2,261-262; 113/9,88).

«Los que han creído, han hecho buenas obras, han elevado el rezo y han dado el tributo tendrán su recompensa junto a su Señor» (Corán 87/2,277).

«Los tributos son para los pobres, los indigentes, los que trabajan con ellos, aquellos cuya voluntad hay que captar, los cautivos, los sobrecargados de deudas, el camino de Dios [la yihad] y el viajero. Es una imposición de parte de Dios» (Corán 113/9,60).

«Pero el enviado, y los que han creído con él, luchan con sus fortunas y sus personas. Ellos tendrán los beneficios. Ellos son los que tendrán éxito» (Corán 113/9,88).

Para todo musulmán es obligatorio pagar el azaque, un impuesto con doble significado, ritual a la vez que político y económico. Más que una limosna, se trata de un tributo reglamentado en función de la renta para la financiación del Estado. De él está mandado que se dedique un porcentaje prefijado para la yihad, es decir, para la guerra contra los «infieles».

En cuanto a los judíos y los cristianos que viven bajo el poder islámico, los llamados *dimmíes*, cargan con un tributo especial de capitación, la *yizia*. Y tienen que entregarlo públicamente de manera humillante. Así lo ordena en uno de los «versículos de la espada»:

«Combatid contra aquellos a los que se les dio el Libro, que no creen en Dios ni en el último día, que no prohíben lo que Dios y su enviado han prohibido, y no profesan la religión de la verdad, hasta que paguen el tributo en mano, y en estado de humillación» (Corán 113/9,29).

Resultado de la comparación

La exhortación a buscar la justicia, en el cristianismo, no impone mecanismos concretos de recaudación sacralizados, como en el islam. El Corán establece el impuesto del azaque a todos los musulmanes. Y además, discrimina socialmente en función de las diferencias religiosas, con los tributos específicos del régimen de dimmitud al que son sometidos judíos, cristianos y zoroástricos, en el cual los otros creyentes monoteístas son objeto de opresión, explotación económica y humillación pública. Esta versión de la justicia islámica es susceptible, sin duda, de cuestionamiento. Otro aspecto del tributo que revela la naturaleza violenta del Corán, lo encontramos en sus afirmaciones de que el mayor mérito ante Dios lo alcanzan, eminentemente, aquellos que financian con sus propias fortunas la guerra contra los no musulmanes.

5.3. EL TEMA DE LA PEREGRINACIÓN

En todas las religiones existen lugares santos, santuarios y templos, pero esto no implica que se conciban del mismo modo. El Corán resalta la sacralidad del espacio de culto, en especial la dirección adonde hay que mirar durante el rezo, la alquibla, y además instituye el precepto de ir en peregrinación a un santuario privilegiado por su mayor santidad. En el Evangelio de Juan, Jesús argumenta a favor de la adoración en espíritu y en verdad, sin que importe más un templo que otro. Si algunos cristianos viajan como peregrinos, no es por ningún mandato, sino solo como una devoción privada.

Según el Nuevo testamento

Tanto el Evangelio de Juan como las cartas de Pablo desmitifican los lugares sagrados. Trasladan la presencia de Dios a la interioridad humana y cifran el culto verdadero en actitudes de orden espiritual.

«La mujer le dice: 'Señor, veo que eres profeta. Nuestros padres daban culto en este monte; vosotros, en cambio, decís que es en Jerusalén donde hay que dar culto'. Jesús le dice: 'Créeme, mujer, llega la hora en que ni en este monte ni en Jerusalén se dará culto al Padre. (…) Pero llega la hora, ya ha llegado, en que los que dan culto verdadero darán culto al Padre en espíritu y en verdad'» (Juan 4,19-23).

«¿No sabéis que vuestro cuerpo es templo del Espíritu Santo, que recibís de Dios y reside en vosotros?» (1 Corintios 6,19).

Según el Corán

Por una parte, el Corán afirma que Dios está en todas partes, pero en seguida señala que hay lugares de culto superiores, como el «santuario prohibido», hacia donde hay que mirar en el rezo, o adonde hay que ir en peregrinación.

«De Dios es el oriente y el occidente. Dondequiera que os volváis, allí está el rostro de Dios» (Corán 87/2,115).

«Vuelve tu cara hacia el lado del santuario prohibido [pretendidamente el de La Meca]. Dondequiera que estéis, volved vuestras caras a ese lado» (Corán 87/2,144).

«No acudas nunca allí. Un santuario fundado en el temor [de Dios] desde el primer día es más digno de que tú reces en él» (Corán 113/9,108).

La peregrinación da título a la sura 22 (el capítulo 103 en orden cronológico). La palabra «peregrinación» se menciona once veces en el Corán, siempre después de la hégira, ocho de ellas en el capítulo 78. En su forma actual, la peregrinación islámica es un rito que consiste en participar en unas ceremonias en torno a la gran mezquita de La Meca. Cada individuo musulmán, si no tiene impedimento, debe hacer esta peregrinación al menos una vez en la vida.

Las acciones rituales incluyen la llamada peregrinación mayor, que es la circunvalación alrededor del edificio cúbico de la caaba, en cuyo interior se venera una piedra negra. Este tipo de piedras, o betilos, procedían de meteoritos o de rocas volcánicas, representaban a alguna deidad y eran objeto de culto. El Corán no menciona la piedra negra en ningún momento. Más bien condena las piedras erectas, o cipos, que eran objeto de veneración como ídolos (Corán 112/5,3 y 90). Sin embargo, en el culto musulmán pervive la piedra negra de la caaba.

Luego, la peregrinación menor consiste en recorrer siete veces el camino entre el montículo Safa y el Marwa, separados unos cuatrocientos metros. Estos ritos se justifican evocando unas leyendas sobre Abrahán, su esclava Agar y su hijo Ismael (Corán 87/2,125), pero coinciden con rituales preislámicos. Además, se realizan ritos complementarios, como la lapidación del diablo, simbolizado por tres pilares erigidos en el valle de Mina, en el camino al monte Arafat. Finalmente, se suele ofrecer un sacrificio cruento, degollando ritualmente una cabeza de ganado, en conmemoración del sacrificio de Abrahán.

En cualquier caso, la peregrinación no es un acto de devoción particular, sino que constituye un precepto de obligado cumplimiento recogido en el Corán:

«El Safa y el Marwa están entre los rituales de Dios. Quienquiera que hace una peregrinación a la Casa, o una visita, no hay inconveniente en que dé vueltas entre los dos» (Corán 87/2,158).

«Cumplid la peregrinación y la visita por Dios. Si estáis impedidos, ofreced una víctima que os sea asequible» (Corán 87/2,196).

«Hay signos claros, la morada de Abrahán. Quienquiera que entre ahí estará seguro. Es un deber hacia Dios para los humanos hacer la peregrinación a la Casa, para todo el que pueda viajar» (Corán 89/3,97).

El Corán, sin embargo, no menciona cuál es el lugar adonde se va en peregrinación. No dice que sea La Meca, que nunca se nombra en el texto, pues las dos citas que se aducen (Corán 89/3,96 y 111/48,24) no son concluyentes. Es probable que, al principio, el lugar de peregrinación fuera el templo de Jerusalén. El destino de La Meca se habría establecido en época abasí, en la segunda mitad del siglo VIII.

En la peregrinación, hay un significado latente, que remite a la escatología del mesianismo judío, según la cual gentes de todas las naciones subirían a Jerusalén para adorar al único Dios en el templo donde habita. Pero este origen se ha oscurecido.

En cuanto a la vivencia religiosa, se induce que quienes participan en los ritos de la peregrinación quedan consagrados para entregarse de lleno al proyecto del islam, en particular la yihad, y tienen esta misión cuando regresen a sus países de origen.

Resultado de la comparación

Aunque hay un versículo del Corán que afirma que Dios está en todas partes, este versículo está abrogado por otro del mismo capítulo, que manda volver la cara hacia el «santuario prohibido» (Corán 87/2,144), pues el Corán considera más sagrados a unos santuarios o mezquitas que a otros. Los musulmanes interpretan que el santuario prohibido se refiere a la caaba de La Meca.

Por otro lado, es cierto que los Evangelios narran que Jesús acudía al templo de Jerusalén para las celebraciones, y allí enseñaba y curaba. También hizo un gesto polémico con la expulsión de los mercaderes del templo, para purificarlo (Marcos 11,15-17). Pero quizá lo más relevante es que Jesús relativizó la significación del templo, e incluso profetizó su destrucción. Más aún, en la conversación con la samaritana, sostuvo la tesis de que el culto no tiene un lugar preferente, ni en el monte Garizín de Samaría, ni en el monte Sión de Jerusalén. Porque los verdaderos adoradores adoran a Dios en espíritu y verdad. Estas palabras restan importancia a las mediaciones rituales, pues, como señala el apóstol Pablo, el Espíritu divino habita en cada persona. Los lugares de peregrinación son completamente secundarios.

5.4. EL TEMA DE LA CIRCUNCISIÓN

Las acciones simbólicas implican ciertos gestos o actuaciones corporales, ya sea en el rezo, el tributo, la peregrinación, las normas alimentarias, las prescripciones indumentarias u otros ritos. Pero algunas de tales acciones se inscriben directamente en el cuerpo de forma permanente, como ocurre con la circuncisión, señal indeleble de sumisión a Dios y al sistema islámico.

Según el Nuevo testamento

La primera generación de cristianos había abolido la circuncisión, con el fin de hacer accesible a todos los pueblos la salvación de Dios.

El apóstol Pablo, en la epístola a los gálatas, desarrolla la idea de que, en Abrahán, a quien la fe le valió la justificación, Dios prometió la bendición para todas las naciones: «Sabed de una vez que hijos de Abrahán son únicamente quienes viven de la fe» (Gálatas 3,7). Porque, gracias a Jesús el Mesías, la bendición de Abrahán llega hasta los paganos, que también reciben el Espíritu prometido (Gálatas 3,14). Estos son los verdaderos hijos de Abrahán, libres de la circuncisión y libres de la Ley, que por la recepción del Espíritu han llegado a ser hijos de Dios (Gálatas 4,6; Romanos 8,9 y 14).

Pablo hace una interpretación alegórica de la descendencia de Abrahán, en la que alude precisamente al hijo de la esclava (Ismael, hijo de Agar) como figura representativa de la antigua alianza, de los judíos que se negaban a aceptar la libertad del evangelio (Gálatas 4,22-25).

En el sentido cristiano, Pablo argumenta que la verdadera circuncisión es la «circuncisión del corazón» (Romanos 2, 25-29), que da a todos los creyentes la posibilidad de ser hijos de Abrahán y herederos de la promesa. En la primitiva Iglesia cristiana, la circuncisión fue sustituida por el bautismo como rito de incorporación.

Según el Corán

La circuncisión, tanto masculina como femenina, constituyen una incisión corporal que marca y separa al pueblo elegido, sea el hebreo, sea el árabe. Aunque el Corán no lo manda expresamente, no obstante propone a Abrahán como «buen modelo»:

«Tenéis un buen modelo en Abrahán y en los que estaban con él...» (Corán 91/60,4; repetido en 91/60,6).

Por eso, la tradición musulmana arguye que Abrahán se circuncidó por mandato divino y que, por tanto, debe ser imitado en eso (Corán 70/16,123; 87/2,124 y 128). Por otra parte, los hadices refieren que Mahoma era circunciso y que mandó circuncidarse obligatoriamente a los hombres, y también a las mujeres, aunque para estas como un acto meritorio y no obligatorio; así que se trata de una exigencia del profeta.

La realidad es que el mundo islámico da una importancia capital a la circuncisión, tanto masculina como femenina. Los ulemas defienden unánimemente que constituye un mandato divino. Pero esta intervención sobre el cuerpo también manifiesta un trato desigual según el sexo.

La circuncisión de los niños varones está implantada en todas las sociedades musulmanas, como un rito que se practica públicamente y es objeto de celebración familiar.

La circuncisión de las muchachas musulmanas, por el contrario, tiende a realizarse en secreto y varía según los países. Siempre resulta traumática y está más extendida de lo que se admite. Anualmente, se circuncida a más de trece millones de niños musulmanes, pero también alrededor de dos millones de niñas sufren algún tipo de mutilación genital o ablación, en muchos casos con consecuencias lamentables. Existen investigaciones muy bien documentadas, como un libro de Sami Aldeeb.

La marca de la circuncisión está vinculada necesariamente a la profesión de fe islámica, mediante la cual se ratifica la pertenencia al pueblo elegido, una fe que algunos pasajes coránicos tardíos postulan como «religión de Abrahán», heredada a través de Ismael por los árabes. Recuérdese lo que se expuso en el apartado sobre Abrahán.

Resultado de la comparación

El apóstol Pablo nunca es mencionado por su nombre en el Corán. Sin embargo, hay una polémica soterrada con la argumentación paulina en múltiples aspectos. Uno fundamental tiene que ver precisamente con Abrahán y la circuncisión. Pablo defiende que la filiación según la carne ha sido abolida y sustituida por la fe, en virtud de la cual la promesa de salvación está abierta a también los incircuncisos. Para incorporarse a la comunidad, en lugar de una mutilación genital, de carácter sangriento, como era la circuncisión propia del judaísmo, los primeros cristianos establecieron el ritual del bautismo.

El Corán, en cambio, siglos después, consagró una regresión a la ideología de la descendencia carnal, por medio de Ismael, con la pretensión de formar un nuevo pueblo elegido de carácter étnico, cuya marca es la circuncisión obligatoria. Solo más tarde, el poder califal abasí permitió la conversión de gentes de otros pueblos, si bien imponiéndoles las señas de la identidad árabe: la circuncisión, la ley, la religión y la lengua.

5.5. EL TEMA DE LO PURO Y LO IMPURO

El concepto de pureza es complejo y genera en los musulmanes una necesidad obsesiva de purificarse. No es una cuestión de higiene. La pureza o impureza alude, sobre todo, a un estado legal, con implicaciones rituales y morales. La impureza supone como una mancha que afecta a las personas, pero también a cosas, como alimentos y bebidas, costumbres y comportamientos de todo tipo. Mediante la marca de puro/impuro (*halal/haram*) se controla lo permitido y lo prohibido, lo lícito y lo ilícito, lo legal y lo ilegal. La razón de fondo de lo que está prohibido no es pragmática (sanitaria, económica, etc.), sino que lo *haram* se justifica porque así lo manda el Corán o la jurisprudencia islámica, tenidos por expresión de la voluntad divina. Lo *haram* o prohibido significa, en el islamismo, una barrera impuesta por Dios al hombre, y este nunca debe traspasarla.

El régimen de lo puro/impuro lo abarca todo, de modo que regula no solo lo convencionalmente «religioso», sino cuanto se hace en público y en la intimidad. No obstante, donde quizá posee mayor importancia social y económica sea en lo que atañe a las prohibiciones y prescripciones alimentarias.

Según el Nuevo testamento

La primitiva Iglesia, al extender el mensaje cristiano a los gentiles, los dispensó de las normas alimentarias (*kosher*) vigentes en el judaísmo del Segundo Templo. En los Evangelios, se nos narra cómo Jesús levanta la carga de ciertas prescripciones propias de la tradición de los antepasados, de las que afirma que solo son «preceptos de hombres» (Marcos 7,7).

«Llamando de nuevo a la gente, les decía: 'Escuchad todos y atended: No hay nada fuera del hombre que, al entrar en él, pueda hacerlo impuro. Lo que sale del hombre es lo que hace impuro al hombre'. (…) Cuando se apartó de la gente y entró en casa, sus discípulos le preguntaron por la comparación. Él les dijo: '¿Conque también vosotros estáis sin inteligencia? ¿No comprendéis que lo que entra en el hombre desde fuera no puede hacerlo impuro, porque no entra en su corazón, sino en el vientre y va a parar al excusado?' Con esto declaraba puros todos los alimentos» (Marcos 7,14-19).

Le misma idea se escenifica simbólicamente en el libro de los Hechos de los apóstoles, en la visión que tuvo Pedro en casa del centurión Cornelio:

«Y oyó una voz: 'Levántate, Pedro, mata y come'. Pedro respondió: 'De ningún modo, Señor; nunca he probado un alimento profano o impuro'. Por segunda vez sonó la voz: 'Lo que Dios declara puro tú no lo tengas por impuro'» (Hechos 10,13-15).

Con respecto al ayuno, no hay nada concreto mandado, pero, si alguien desea ayunar, es clara la recomendación de Jesús en el Evangelio según Mateo:

«Cuando ayunes, perfuma tu cabeza y lava tu rostro, para que tu ayuno sea visto, no por los hombres, sino por tu Padre que está allí, en lo secreto; y tu Padre, que ve en lo secreto, te recompensará» (Mateo 6,17-18).

Según el Corán

Las prohibiciones y prescripciones relativas a la comida y la bebida aparecen tratadas en varios pasajes dispersos por doce capítulos del Corán. Son normas a veces complicadas, que afectan, sobre todo, a la carne corrompida, la carne de cerdo, la sangre, lo ofrecido a otros dioses, el animal ahogado, apaleado, despeñado, corneado, devorado por una fiera o inmolado a los ídolos.

«En lo que se me ha revelado, no encuentro prohibido, para que lo coma el que come, sino la carroña, la sangre derramada, la carne de cerdo, porque es una abominación, o lo que, por perversidad, se ha ofrecido a otro que no sea Dios» (Corán 55/6,145; también 70/16,114-115 y 87/ 2,172-173).

«Os está prohibido [comer] la carroña, la sangre, la carne de cerdo, la que se ha ofrecido a otro que no sea Dios, la de animal ahogado, apaleado, despeñado, corneado, devorado por una fiera, salvo la que vosotros inmoléis, y la que ha sido inmolada sobre piedras erectas» (Corán 112/5,3).

Aparte de la prohibición de determinadas comidas, también está prohibido el vino y las bebidas embriagantes. Respecto a esto último, llama la atención que los versículos coránicos acerca del vino se contradigan entre sí. Primero, las bebidas alcohólicas se ven como dones de Dios. Luego, se miran con desconfianza. Y finalmente se prohíben de manera tajante.

«De los frutos de las palmeras y de las vides obtenéis una bebida embriagadora y un buen sustento. Ahí hay un signo para gentes que razonan» (Corán 70/16,67).

«Te preguntan sobre el vino y el juego de azar. Di: 'En los dos hay un gran pecado y algunos beneficios para los humanos, pero su pecado es mayor que su beneficio'» (Corán 87/2,219).

«¡Vosotros que habéis creído! El vino, el juego de azar, las piedras erectas y las flechas adivinatorias son abominación y obra de satanás. ¡Apartaos de eso! (...) Satanás solo quiere suscitar entre vosotros enemistad y odio, por el vino y el juego de azar, y desalentaros del recuerdo de Dios y del rezo. ¿No vais a absteneros de ello?» (Corán 112/5,90-91).

Los alimentos y bebidas prohibidos se consideran *haram*, y los permitidos, *halal*, como ya he dicho. Pero esta categoría de lo lícito/ilícito, puro/impuro y legal/ilegal se aplica no solo al alimento en sí sino también a los modales en el consumo, a las formas de preparación culinaria y a otros comportamientos implicados. Por ejemplo, los animales permitidos deben estar sacrificados conforme al ritual de extracción de la sangre y mirando en dirección a La Meca. Finalmente, entre las prohibiciones que regulan la alimentación, habría que catalogar también la obligación del ayuno durante el día en el mes de ramadán (Corán 87/2,183-187).

Resultado de la comparación

El régimen que el Corán establece en cuanto a las prohibiciones de consumir ciertos alimentos está básicamente tomado y adaptado de las normas de pureza alimentaria del judaísmo, que, en su momento, habían sido abolidas en los Evangelios, por los apóstoles y por la Iglesia.

No solo se prohíbe saborear determinadas comidas y bebidas, sino que están vetadas ciertas expresiones de la sensibilidad en el arte. Está prohibida la representación de la figura humana, perseguida en la escultura y la pintura (lo que condenaría los museos de bellas artes). Está proscrita la música sacra, rechazados Victoria, Bach, Mozart y todos los demás. Mediante toda clase de prohibiciones y prescripciones, plasmadas en estrictas reglas de «pureza», el Corán y sus intérpretes levantan infranqueables barreras entre los musulmanes y los no musulmanes, reforzando así un sistema cerrado de innumerables normas particularistas que controlan todos los ámbitos de la vida.

El resultado es que no queda espacio para la autonomía humana, que es vista como impureza, descreimiento y resistencia a la sumisión debida a Alá. Hay todo un sistema indisociablemente religioso y político de preceptos que demarcan el mundo islámico. El código *halal/haram*, puro/impuro, instaura fronteras simbólicas, sociales y legales, destinadas a construir y preservar una identidad islámica inconfundible, con la que creen poseer la superioridad sobre los demás, sobre los no musulmanes, o infieles, categorizados como esencialmente impuros y profanos.

Por el contrario, las palabras de Jesús en los Evangelios, lo mismo que la visión del apóstol Pedro y la predicación del apóstol Pablo, relativizan o suprimen normas tradicionales del particularismo étnico y cultural, lo que significa claramente que salvación de Dios está abierta a todos, por encima de las barreras creadas por hombres.

5.6. EL TEMA DEL VELO FEMENINO

La obligación de que las mujeres lleven velo o pañuelo cubriéndoles la cabeza, y a veces incluso la cara, ocupa un lugar destacable dentro del régimen de prohibiciones y prescripciones indumentarias típicamente islámico. Está entre los simbolismos rituales que marcan más visiblemente la segregación y el sometimiento femenino.

Según el Nuevo testamento

No hay, en el cristianismo, ninguna obligación establecida de que las mujeres tengan que llevar velo en público, aunque en algún momento se mandó que la mujer se cubriera la cabeza cuando intervenía en la liturgia (1 Corintios 11,5-6).

En un contexto netamente diferente, en la tradición hebrea, existía otro simbolismo ritual del «velo», muy antiguo, como signo indicador de la trascendencia divina. Me refiero al velo que, en el templo de Jerusalén, separaba el sanctasantórum, es decir, el santuario interior donde habitaba la presencia de Dios, adonde nadie podía acceder, salvo el sumo sacerdote en solemnes ocasiones.

Los evangelios sinópticos retoman ese significado de trascendencia y nos refieren que, cuando Jesús expiraba en la cruz, el velo del templo se rasgó de arriba abajo (Marcos 15,38 y paralelos). Con ello querían simbolizar que había terminado la separación radical entre el hombre y Dios, y se inauguraba una era de comunicación abierta con la divinidad. En coherencia con esta simbólica, el cristianismo postulará también la superación de las divisiones en otros ámbitos fundamentales de la vida: entre judío y gentil, entre amo y esclavo, entre hombre y mujer.

Según el Corán

Este tema del velo femenino tiene que ver con la percepción de la mujer como un peligro moral y social, debido a su inherente sensualidad, que debe conjurarse mediante normas de pudor en el vestir. Sin embargo, el Corán no fija una pauta clara. Solo hay unos versículos que se citan en apoyo del velo, referidos a las mujeres de Mahoma, que son poco concluyentes:

«¡Mujeres del profeta! (...) Quedaos en vuestras casas, y no os exhibáis como se exhibían en la época de la antigua ignorancia. (...) ¡Gente de la casa! Dios solo quiere alejaros del vicio y purificaros plenamente» (Corán 90/33,32-33).

«¡Vosotros que habéis creído! No entréis en las mansiones del profeta, a menos que se os autorice para la comida (...) Cuando les pidáis [a sus mujeres] alguna cosa pedídselo desde detrás de un velo. Esto es más puro para vuestros corazones y para sus corazones» (Corán 90/33,53).

La norma es que las mujeres se pueden quitar el velo dentro de su hogar, delante de sus familiares, allegados y esclavos (Corán 90/33,55; 102/24,31). Pero, al salir de casa, las mujeres deben cubrirse con un manto. Alguna vez se da como motivo que puedan ser reconocidas como musulmanas y así no se las moleste.

«¡Profeta! Di a tus esposas, a tus hijas y a las mujeres de los creyentes que se envuelvan con sus mantos. Esto es lo mejor para que se las reconozca, y así no sufrirán molestias» (Corán 90/33,59).

Por lo que respecta a los hombres, el Corán apenas indica unas pautas de modestia en dos o tres versículos (Corán 102/24,33; 102/24, 58-59). No obstante, la tradición musulmana desarrolló posteriormente reglas indumentarias más estrictas para los hombres y para las mujeres, tanto para los fieles como para los infieles centro de la sociedad musulmana. Por ejemplo, la costumbre masculina de dejarse barba y bigote, a imitación de Mahoma (Corán 90/33,21), propuesto como modelo.

La imposición del velo femenino es compatible con muy diferentes estilos, que se pueden catalogar de menos a más restrictivo: *shayla*, *hiyab*, *al-amira*, *jimar*, *chador*, *niqab*, *burka*, en general distribuidos en función del país. Pero lo que no cambia es que el velo femenino marca siempre, simbólicamente, la frontera sexual entre hombres y mujeres, la frontera social entre la mujer libre y la esclava, la frontera confesional entre los musulmanes y los no musulmanes. Todo el sistema indumentario está construido con el propósito de significar bien visiblemente la desigualdad y la exclusión, un afán tan característico de todo el Corán.

En realidad, la razón del velo no es, como algunos dicen, por devoción personal, ni para protección de las mujeres. Bajo apariencia piadosa, constituye un instrumento para el control del sexo femenino, e indirectamente de toda la comunidad, también de manera especial en países no islámicos. El hecho de llevar el velo islámico no está motivado solo por al machismo. Forma parte de la instauración de un sistema de demarcación social, religiosa y política, que incluye la inferioridad femenina, así como la exterioridad insuperable de los infieles.

Resultado de la comparación

En la religión del Corán observamos cómo reaparecieron y se restauraron los velos arcaicos. La función del velo en el islam se traduce en dos oposiciones que no acaban de encajar. Por un lado, el velo puede representar la separación entre lo sagrado y lo profano. Por otro lado, marca la disyunción entre lo permitido y lo prohibido (*halal/haram*). De modo que la misma palabra *haram* sirve para denotar dos aspectos: lo «sagrado» y lo «prohibido», sin duda con una vinculación profunda. Así, por ejemplo, la principal mezquita de La Meca la llaman *másyid al-haram*, el «santuario prohibido», donde prohibido significa sagrado. Y en la explanada interior de la mezquita, se encuentra el edificio en forma de cubo de la caaba, denominada «casa de Alá» a imitación del sanctasantórum judío, que se halla siempre cubierto exteriormente con un velo formado por grandes cortinas.

Pero el significado práctico del calificativo *haram* connota siempre un veto, ya se refiera al alimento prohibido, a la mujer preservada o a cualquier comportamiento transgresor de la norma establecida por la ley islámica.

La obligación del velo femenino islámico, en todas sus variantes de cubrimiento, suele presentarse como justificada por razones teológicas, porque Dios lo manda, o por razones antropológicas, según una concepción en la que todo el cuerpo de la mujer es tentación. Sea cual sea el motivo invocado, el hecho es que implica una falta de libertad, y sus efectos pragmáticos negativos resultan incuestionables en la actualidad:

– Marca a las mujeres musulmanas, en los espacios públicos, mediante un signo ostensible que las diferencia y distancia de las demás mujeres, y las mantiene alejadas de los hombres.

– Recalca socialmente la barrera entre musulmán y no musulmán, en un contexto donde, siguiendo el Corán, se sobreentiende que todo no musulmán es enemigo de Dios, carece de derechos y debe ser sometido al islam.

– Proclama que a las mujeres musulmanas se les impide la relación y el matrimonio con hombres no musulmanes (salvo que se conviertan al islam). En los países no islámicos, al interrumpir drásticamente los intercambios matrimoniales espontáneos, se crea una sociedad autosegregada en el interior de la sociedad general.

– Niega la igualdad de derechos propia del concepto de ciudadanía, pues se restringen los derechos por el hecho de ser mujer, lo cual atenta contra los fundamentos de toda organización social democrática. Las mujeres están excluidas de la presencia pública, del acceso al trabajo y de la dirección política.

– Asocia el significado del velo con otras reivindicaciones comunitaristas, fuera de los países musulmanes, apoyando exigencias como un menú *halal* en los comedores escolares, un lugar destinado al rezo en las empresas, un horario y un espacio reservado para mujeres en las piscinas públicas, etc.

– Aspira a crear zonas residenciales y legales específicas para los musulmanes, es decir, ámbitos no regidos por las leyes del Estado, sino por la Ley islámica. Son tentativas de conquista, de apariencia pacífica, al servicio de un proyecto anunciado: primero, forzar la creación de espacios propios de la comunidad musulmana y, como objetivo, debilitar el poder democrático para ir islamizando la sociedad.

En una palabra, el comportamiento simbólico y práctico del uso del velo se encuadra en la estrategia global de la yihad. Es un error fatal entenderlo como una cuestión de libertad religiosa. Porque es un problema de defensa de los derechos humanos y las libertades cívicas frente a la infiltración, subrepticia o insolente, del sistema islámico.

5.7. EL TEMA DE LOS SACRIFICIOS CRUENTOS

No existe una teoría antropológica ni teológica acerca del sacrifico que sea aceptada mayoritariamente. Sea cual sea la interpretación que adoptemos, el sacrificio se encuentra presente de una u otra manera en todo sistema religioso. Esto no significa que todos los tipos sacrificiales sean equivalentes. En lo que coinciden es en la función genérica que se le puede atribuir: el mejorar las oportunidades de la vida, a través unas formas fundamentales que cabe clasificar en tres modalidades sacrificiales: ritos de *oblación*, ritos de *comunión* y ritos de *agresión*. De ellos se espera siempre un incremento de poder, ya sea por medio del ritual de entrega a alguien más fuerte (sacrificio de oblación); o por medio del ritual de identificación con otros reconocidos como igualmente fuertes (sacrificio de comunión); o por medio del ritual que descarga el peso de la culpa sobre una víctima vicaria más débil (sacrificio de agresión). Además de su función simbólica, estas prácticas rituales suministran a los participantes modelos de comportamiento aplicables a diversas situaciones reales de la vida.

Las acciones sacrificiales pueden llevar consigo significaciones contrapuestas, es decir, tendentes a rechazar o conseguir, alejar o acercar, negar o afirmar. Así, vemos unos sacrificios que se orientan sobre todo a la *liberación del mal*, de todo lo negativo: expían el pecado, alejan la enfermedad y la muerte, expulsan a los demonios, envían lejos el chivo expiatorio, matan al diablo, hacen penitencia, imponen castigos, o asesinan a los enemigos (yihad). En cambio, otros rituales miran al *aumento del bien*, propician el favor y el auxilio: entregan la ofrenda y el don para recibir la gracia u obtener la recompensa, ponen en común los bienes en favor de todos, se unen para ser más fuertes en la conquista y para el reparto del botín.

Los diversos mecanismos implicados en el sacrificio aparecen como esquemas formales, cuyo significado dependerá del contenido particular que le asigne la ideología o teología de cada sistema religioso concreto.

Según el Nuevo testamento

Es sabido que el cristianismo suprimió del todo la práctica de los sacrificios de animales, si bien, paradójicamente, dotó de importancia salvífica fundamental a la muerte de Jesús en la cruz, entendida teológicamente como sacrificio expiatorio.

«La sangre de toros y cabras no puede perdonar pecados. (...) Hemos quedado consagrados por la ofrenda, hecha una vez para siempre, del cuerpo de Jesucristo. (...) Este, después de ofrecer un único sacrificio, se sentó para siempre a la derecha de Dios» (Hebreos 10,3 y 10-12).

Los Evangelios no establecen ningún sacrificio animal como ofrenda a Dios. La epístola a los Hebreos declara abolidos tales sacrificios por su ineficacia y, en su lugar, afirma que la santificación se ha alcanzado definitivamente por el sacrificio único de Cristo. En los cuatro Evangelios, la secuencia de la pasión, muerte y resurrección de Jesús constituye el núcleo central del mensaje cristiano. Y este «sacrificio» es recordado, de forma incruenta, en el sacramento de la eucaristía como ágape compartido en memoria suya (Lucas 22,19-20).

Según el Corán

En el islam, existe la práctica ritual de sacrificios cruentos de animales en fechas señaladas, por ejemplo, en el culto asociado a la peregrinación. El Corán los denomina «rituales de Dios» y, aunque hay un versículo donde critica los sacrificios de carne y sangre (cfr. Corán 103/22,36-37), también deja constancia de la práctica de los sacrificios animales, una práctica habitual entre hebreos y beduinos: vacas, camellos y ovejas. La tradición sacrificial más conocida del islam es la inmolación de un cordero en la fiesta conmemorativa del sacrificio de Abrahán, que habría ofrecido a Ismael como víctima (Corán 56/37,102). Pero, en el mismo Corán, hay otras indicaciones sobre la realización del sacrificio de animales ofrendado a Dios.

«Reza a tu Señor y ofrece sacrificios» (Corán 15/108,2).

«Cumplid la peregrinación y la visita por Dios. Si estáis impedidos, ofreced una víctima que os sea asequible. No os rapéis la cabeza hasta que la ofrenda llegue al lugar [de inmolación]» (Corán 87/2,196).

«¡Vosotros que habéis creído! No matéis al animal de caza mientras estéis en estado de consagración. Cualquiera de vosotros que lo mate deliberadamente, su pago es uno de su rebaño semejante al que ha matado, según el juicio de dos justos de entre vosotros, una ofrenda que hará llegar a la caaba» (Corán 112/5,95).

Los sacrificios de animales están estrictamente regulados, y en ellos hay que atenerse a las formas prescritas, evitando todo aquello que está prohibido (Corán 112/5,2). Los hadices de Muslim contienen un *Libro de los sacrificios*, donde estos se regulan con toda minuciosidad (Muslim Ibn al-Hayyay, 2006: 583-589). En consecuencia, los sacrificios cruentos forman parte integrante de los rituales del sistema islámico.

Pero esto no es todo, porque, por extraño que parezca, también se estipula la ofrenda de sacrificios humanos. Aunque esto no se realice directamente en el mismo contexto de la liturgia. Por un lado, se condenan los sacrificios de niños (Corán 55/6,137). Pero, a la vez, hay ciertas formas de muerte infligida a humanos a las que se asigna un claro sentido religioso. En efecto, se da un significado manifiestamente cultual y ritual a los castigos de pena capital regulados por la Ley islámica, y de manera eminente a las masacres encomendadas por el Corán, y por los hadices, a la espada de la yihad. Se lleva a la muerte, por motivos religiosos, a los transgresores de la Ley islámica, los apóstatas, las adúlteras, los idólatras, los cautivos que no se convierten. Y la ejecución adopta el protocolo de un ritual cruento.

La yihad guerrera se considera una acción sagrada que el Corán manda llevar a cabo, en nombre de Dios, contra todo el que se resista al dominio musulmán. Los combatientes y los terroristas islámicos que atacan al grito de «¡Alá es grande!», creen que sus matanzas de humanos forman parte de su deber religioso. La yihad tiene carácter sacrificial en un doble sentido: por un lado, el sacrificio de la propia vida del yihadista que muere por la causa de Dios; por otro lado, la matanza de enemigos en aras de esa misma causa.

El Corán describe la entrega del musulmán a la yihad como parte de un contrato que Dios hace con los que luchan dispuestos a dar su vida. Es como un sacrificio de oblación. De modo que los que combaten en el camino de Dios, los que matan y se hacen matar, son los mejores musulmanes:

«Que combatan, pues, en el camino de Dios quienes cambian la vida de aquí por la vida venidera. Quien combata en el camino de Dios, ya sea muerto o ya venza, le daremos una gran recompensa» (Corán 92/4,74).

«Dios ha intercambiado las vidas y las fortunas de los creyentes [por la promesa de] que irán al paraíso. Ellos combaten en el camino de Dios, matan y se hacen matar. Una verdadera promesa suya... Estos son los que se arrepienten, adoran, alaban, ayunan, se arrodillan, se prosternan, ordenan lo lícito y prohíben lo ilícito, y observan las normas de Dios» (Corán 113/9,111-112).

Pero, por otro lado, la yihad opera también como sacrificio de agresión y es descrita como forma eminente de dar culto a Dios y luchar por la expansión del islam. Al ser una religión política, la acción militar se convierte en sacramento religioso, por la sobrecarga simbólica que conlleva. Los no musulmanes son categorizados como «enemigos» de Dios y, por ello, deben ser inmolados como ofrendas, según manda Dios y su profeta:

«Combatid en el camino de Dios contra los que combaten contra vosotros (...) Matadlos allí donde los enfrentéis, y expulsadlos de donde os hayan expulsado. La subversión es peor que matar. (...) Combatid contra ellos hasta que no haya más subversión y la religión pertenezca a Dios» (Corán 87/2,190-193).

«Malditos. Donde se los encuentre serán capturados y matados sin piedad» (Corán 90/33,61).

«Capturadlos y matadlos allá donde los encontréis. Os hemos dado plena autoridad sobre ellos» (Corán 92/4,91).

Este tipo de mandatos coránicos son indisociablemente órdenes de batalla y reglas rituales. El islam ritualiza la guerra. La convierte en un campo de sacrificios cruentos que tienen como fin propiciar, mediante la acción violenta, la implantación en el mundo de la ley divina. Por eso, la yihad es guerra santa, literalmente. Los enemigos matados no son simples muertos, son vistos como víctimas propiciatorias, verdadera ofrenda de sacrificios humanos conforme a lo que Dios manda en el Corán.

El yihadista es el oficiante perfecto, que mata y se hace matar en palabras del Corán (113/9,111) y así Dios lo perdona y lo hace entrar al paraíso (Corán 95/47,4-6). Porque el Dios coránico ama a los que combaten y matan por su causa (Corán 109/61,4) y está con ellos (Corán 113/9,123), y hasta mata por mano de ellos (Corán 88/8,17). No cabe negar esto sin mentir.

Resultado de la comparación

El budismo había dado un paso hacia la desacralización de la violencia, al suspender los sacrificios tradicionales instaurados por los Vedas. En la religión del antiguo Israel, varios profetas proclamaron que Dios quiere justicia y no sacrificios; y, finalmente, el judaísmo rabínico o sinagogal abandonó por completo la práctica de los sacrificios cruentos. El islamismo, en cambio, no solo mantuvo la inmolación ritual de animales, sino que sacralizó el sacrificio de personas humanas incluyéndolo en su concepto de yihad.

El Corán supone, pues, una persistencia en la creencia de que los sacrificios de animales agradan a Dios, como el judaísmo anterior a la destrucción del templo jerosolimitano; peor aún, supone una fuerte regresión en la historia de las religiones, a un tipo de religión arcaica y brutal, que promueve la fe en la eficacia de los sacrificios humanos, hasta el extremo de elevarlos al rango de mandato divino y método de liberación.

Así, el islam sacraliza la violencia religiosa y política en un grado sumo, mientras que, en realidad, esa sacralización no hace más que encubrir crímenes interminables pretendidamente en aras de la justicia y la paz. Desde esta posición sacrificial, resulta coherente que la teología coránica se vea en la necesidad de negar la crucifixión de Cristo, así como el sentido salvífico de su muerte. En esta, quedó en evidencia y desmitificada la lógica perversa de todo sacrificio de humanos, incluso en nombre de lo más alto, por cuanto hace ver que la víctima de la violencia es inocente.

En la concepción cristiana, Dios Padre quiere que todos los hombres se salven y está siempre dispuesto al perdón. No solo no reclama sacrificios, sino que en Jesús es Dios quien se «sacrifica» por la humanidad. La entrega de Jesús y su renuncia a ejercer la violencia revelan un Mesías atípico, víctima inocente, que deja al descubierto el mecanismo y la lógica inhumana de la violencia. Es lo que expresa la carta a los Hebreos: el sacrificio único de Cristo abrió a los humanos toda la plenitud de Dios, demostró la ineficacia e inutilidad de todos los demás sacrificios (Hebreos 10,3 y 10-12), y reprobó la maldad de la violencia sagrada, que indefectiblemente recae sobre víctimas inocentes. Es un nuevo tipo de sacrificio, que desenmascara el mecanismo del chivo expiatorio, que quita a la violencia todo carácter sagrado y que deslegitima los rituales sangrientos de la religión. En consecuencia, postula también la abolición de la violencia en la vida social y política.

El cristianismo primitivo dio una interpretación sacrificial a la entrega de Jesús, con un sentido soteriológico, que transita de la muerte a la resurrección, que no promueve la salvación matando, sino mediante la superación de la muerte. Esta teología cristiana de la redención carece totalmente de sentido para el Corán, que se opone a ella hasta el punto de negar el hecho mismo de la crucifixión de Jesús.

CAPÍTULO 6

COMPARACIÓN DE TEMAS CON SENTIDO PRÁCTICO

La ética trata de la acción, la decisión, el comportamiento práctico, y presupone un juicio sobre lo bueno y lo malo, lo justo y lo injusto. La práctica respecto a los demás tiene que ver no solo con la ética, sino también con la política y su regulación por medio del derecho.

En el islamismo, donde la política está fundida con la religión, vemos que la ética solo existe supeditada al derecho, pues viene a restringirse al cumplimiento de la ley, que gobierna todos los aspectos de la vida. La Ley islámica, que se tiene por inalterable, no solo pretende regir la comunidad musulmana, sino que preconiza una validez universal, por lo que el islam aspira a dominar el mundo entero, tarea encomendada a la yihad.

Hay múltiples temas relacionados con la práctica ética y política, que ponen de manifiesto orientaciones y normas características de cada sistema religioso. Aquí, desarrollaremos la comparación en una selección de temas prácticos importantes, aunque de ninguna manera agotan el repertorio: el tema de la ley islámica y la teocracia; el tema del talión y los castigos; el tema del matrimonio; el tema de la transgresión sexual; el tema del estatus de la mujer; el tema de los infieles; y el tema de la yihad como guerra por la fe.

6.1. EL TEMA DE LA LEY ISLÁMICA Y LA TEOCRACIA

Existen diferentes modos de concebir la fundamentación del derecho. Primero, el derecho emana de un dictador, sea una persona o un sistema. Segundo, el derecho se establece mediante un acuerdo democrático, alcanzado mediante deliberación y votación. Tercero, el derecho procede de una revelación divina. En este último modelo, a su vez, encontramos tres versiones distintas: la judía, la romana/cristiana y la musulmana (cfr. Sami Aldeeb). Solamente la concepción musulmana postula a Dios como el único y exclusivo sujeto instaurador del derecho.

Según el Nuevo testamento

El cristianismo no desprecia la ley, a la que concede su importancia, pero no absolutiza la literalidad de sus preceptos. Da prioridad al Espíritu que inspira a cada creyente, es decir, a la conciencia individual. Esto relativiza toda ley concreta, posibilita la revisión y la modificación de las leyes, pues afirma la preeminencia de un espíritu que inspirará las decisiones necesarias en el futuro. En otras palabras, Dios o, lo que es lo mismo, su Espíritu habla a través de cada una de las personas, y se comunica en todas y cada una de las épocas; no solo en un momento histórico privilegiado que clausura el tiempo; no mediante una revelación petrificada en un texto.

Los mandamientos del decálogo tienen un contenido fundamentalmente negativo: no matar, no robar, no mentir, etc. El amor a Dios y al prójimo están por encima de cualquier otra prescripción particular.

«Habéis oído que se dijo: 'Amarás a tu prójimo y odiarás a tu enemigo'. Pues yo os digo: Amad a vuestros enemigos, orad por los que os persiguen. Así seréis hijos de vuestro Padre del cielo, que hace salir su sol sobre malos y buenos, y hace llover sobre justos e injustos» (Mateo 5,44-45).

El mensaje de Jesús y el conjunto del Nuevo testamento constituye una llamada que apela al individuo, quien ha de responder con una aceptación personal de la fe. Respeta la libertad de conciencia y de religión. La pertenencia a la comunidad de fe no se funda en ser miembro de una familia, una tribu, o una nación. Lo común fundante es un mismo Espíritu, no un pueblo, ni una cultura, ni un imperio.

La ética de los Evangelios se basa en principios y propone valores morales más que normas particulares de comportamiento: la justicia, el amor al prójimo, la renuncia al estatus (igualdad), el amor a los enemigos, las bienaventuranzas, el perdón, la verdad, la libertad, la esperanza. El fundamento ético se concibe como actuar movidos por el Espíritu santo, cuyos dones difieren en cada persona. Así, el campo de actuación queda abierto a la libertad personal y al acuerdo con los demás.

Otro aspecto importante es la diferenciación entre el ámbito religioso y el ámbito político, que avala la autonomía respectiva del poder secular y el poder espiritual, de modo que hace posible la separación de poderes. Se reconoce un orden temporal o civil de la sociedad con su jurisdicción propia:

«Maestro... dinos tu opinión: ¿está permitido pagar tributo al César o no? Conociendo Jesús su mala intención, les dijo: '¿Por qué me tentáis, hipócritas? Enseñadme la moneda del tributo'. Ellos le ofrecieron un denario y él les preguntó: '¿De quién es esta efigie y esta leyenda?' Le respondieron: 'Del César'. Entonces les replicó: 'Pues lo que es del César devolvédselo al César, y lo que es de Dios, a Dios'» (Mateo 22,18-21).

«Uno de la multitud le dijo: 'Maestro, dile a mi hermano que reparta conmigo la herencia'. Le contestó Jesús: 'Hombre, ¿quién me ha nombrado juez o árbitro entre vosotros?'» (Lucas 12,13-14).

Jesús se negó a asumir el papel de juez en un pleito civil. La resolución de los conflictos sociales debe ser autónoma. En cambio, exhortó a evitar la codicia: «Mirad, guardaos de toda codicia, porque, por más rico que uno sea, la vida no depende de los bienes'» (Lucas 12,15). La fórmula concreta se confía a la ley civil, desacralizada, y a la generosidad personal.

«Respondió Jesús: 'Mi reino no es de este mundo'» (Juan 18,36).

Para el apóstol Pablo, por su parte, la autoridad política en su orden está legitimada, por cuanto le compete la misión de proteger a la gente honrada y reprobar a los delincuentes.

«Sométase todo individuo a las autoridades constituidas; no hay autoridad sin que lo disponga Dios» (Romanos 13,1).

Pablo aclara con toda precisión que lo que Dios dispone no es el contenido de lo que manda la autoridad, sino que tan solo dispone que ha de haber autoridad. Por tanto, no hay ningún lugar para la teocracia. Por el contrario, así se establece la condición necesaria para que pueda desarrollarse un sistema político basado en los ciudadanos, donde la ley depende del debate racional y donde hay participación en las decisiones.

Ciertamente no se especifica cuál debe ser el modo o el método concreto, que queda abierto a la evolución histórica.

Según el Corán

Seis siglos después de los Evangelios, el Corán avanza en una dirección radicalmente contraria. La Ley islámica, el derecho musulmán, se designa con el término *saría*, cuya traducción literal sería «senda», en el sentido de la norma establecida por Dios, que los creyentes están obligados a seguir sin rechistar. Esta palabra aparece solo tres veces en el Corán, pero es determinante:

«Él os ha dado como senda [*saría*] de la religión lo que había ordenado a Noé, lo que te hemos revelado, lo que habíamos ordenado a Abrahán, a Moisés y a Jesús: 'Estableced la religión, y no os separéis a causa de ella'» (Corán 62/42,13).

«Luego te pusimos en una senda [*saría*] del orden. Síguela, pues, y no sigas los deseos de quienes no saben» (Corán 65/45,18).

«A cada uno de vosotros os hemos dado una senda [*saría*] y una conducta. Si Dios hubiera querido, hubiera hecho de vosotros una sola nación. Pero quería probaros en lo que os dio. Competid en buenas obras» (Corán 112/5,48).

Estas citas no aclaran mucho, pero apuntan a una idea del derecho como algo de orden religioso, derivado de la voluntad de Dios que instaura y revela la ley. Dios representa la única fuente de derecho para la sociedad humana. A lo largo de la historia, esta idea se desarrolló hasta ocupar un lugar central y fundamental en el sistema islámico y, por supuesto, en las escuelas de jurisprudencia.

El islam, más que una fe interior, es *una ley* que el musulmán tiene la obligación de cumplir, porque lo manda Dios. Y esta ley no se basa en principios éticos o jurídicos, sino que consiste en un catálogo minucioso de prescripciones, prohibiciones y sanciones, revelado o derivado de la revelación por los jurisconsultos, ulemas o ayatolás. Los detentadores del poder tienen el encargo específico de exigir su cumplimiento.

La fe islámica se compendia en el cumplimiento de la Ley, que tiene una naturaleza tanto religiosa como política (al modo de la Ley mosaica), que se considera revelada en los preceptos del Corán y, sobre esta base, codificada en el aparato jurídico de la *saría* y la jurisprudencia. De tal manera que el orden social en su totalidad se concibe regido y reglamentado por normas dictadas por Dios.

Como el *ethos* islámico no distingue entre religión y política, y supedita totalmente al individuo a la comunidad, la ética personal se reduce al deber de someterse a los preceptos de la ley.

Semejante sumisión impone no solo una moral heterónoma, sino una moral *teónoma*, es decir, regulada enteramente por un ordenamiento dispuesto por Dios y su profeta:

«¿Quién administra el orden? Dirán: 'Dios'» (Corán 51/10,31).

«Él administra el orden desde el cielo hasta la tierra» (Corán 75/32,5; también 96/13,2).

«La orden de Dios es una predeterminación predeterminada» (Corán 90/33,38).

«Esta es la orden de Dios, que él ha hecho descender a vosotros» (Corán 99/65,5).

En el Corán, hay 800 versículos en los que se decretan normas de comportamiento práctico con carácter jurídico. Al cumplimiento de tales normas es a lo que se llama equidad, justicia, o paz, que no pueden buscarse como un valor en sí mismo. De igual manera, tampoco cabe una búsqueda independiente de la verdad, sino que llaman verdad al conjunto de enunciados de la «revelación».

La fuente primaria de la Ley islámica es el Corán, pero también la tradición, la vida del profeta y los relatos o *hadices* de Mahoma. Ahí yace toda la justificación de los decretos emitidos por los ulemas y muftíes suníes, o los ayatolás y mulás chiíes. Esta Ley islámica fue codificada, durante los siglos VIII y IX, por cuatro escuelas de jurisprudencia suníes: hanafí, malikí, chafií y hanbalí. Más las escuelas de jurisprudencia chiíes: zaydí y yafarí.

En época antigua, las escuelas de jurisprudencia utilizaron recursos jurídicos como el consenso de los ulemas, la analogía, o la exégesis racional, pero luego fueron abandonados y, en cualquier caso, no constituyen procedimientos para elaborar la Ley, que es potestad soberana y exclusiva de Dios. Se trataba solo de modos subsidiarios de aclarar y aplicar las normas instauradas en el Corán y la tradición de Mahoma, y recopiladas en los códigos jurídicos. Se rechaza toda interpretación subjetiva, y toda innovación está condenada como vía a la perdición.

El ideal de la conducta musulmana se resume en la obediencia a la ley en todos sus preceptos. El Corán reclama obediencia insistentemente, de modo aún más apremiante en los capítulos posteriores a la hégira: 38 veces exigen obediencia a Dios y a su enviado; y en 19 ocasiones lanzan terribles amenazas contra quienes desobedezcan.

«Al que obedece a Dios y a su enviado, él lo hará entrar en jardines bajo los cuales correrán arroyos, donde estarán eternamente. (…) Al que desobedece a Dios y a su enviado, y transgrede sus normas, él lo hará entrar al fuego, donde estará eternamente» (Corán 92/4,13-14; paralelo en 111/48,17).

«Los creyentes y las creyentes son aliados unos de otros. Ordenan lo conveniente, prohíben lo reprobable, elevan el rezo, pagan el tributo, y obedecen a Dios y a su enviado» (Corán 113/9,71).

Según se enuncian algunos versículos, parece que no hay diferencia entre Dios y el enviado, ya que: «El que obedece al enviado, ha obedecido a Dios» (Corán 92/4,80). Y es que, en la práctica, todo se resuelve en acatar y cumplir los mandatos de Mahoma. Más aún, no se trata no solo de cumplirlos uno mismo, sino que además uno debe hacer que los demás los cumplan.

El Corán expresa también la idea de obediencia como ser «sumiso» (52 veces), «someterse» a Dios (21 veces) y aceptar la «sumisión» (8 veces). La raíz de la palabra utilizada es la que más adelante dio lugar a «musulmán» (sumiso) y a «islam» (sumisión).

«¡Señor nuestro! Haz de nosotros unos sumisos a ti, y de nuestra descendencia una nación sumisa a ti» (Corán 87/2,128).

La exigencia coránica de implantar la «sumisión» se proyecta más allá de la comunidad musulmana, hacia la imposición del sistema legal islámico sobre todos los demás. Hasta el punto de legitimar expresamente la agresión a cualquier religión concurrente, con el fin de lograr la hegemonía para el islamismo. Por mucho que en un versículo se diga que Dios dio sus respectivas «sendas» a unos y a otros (Corán 112/5,48), los eruditos musulmanes sentenciaron que ese versículo está abrogado por los versículos que convocan a combatir hasta que solo quede la religión de Dios, o sea, solo el islam (Corán 88/8,39; 113/9,5; 114/110,2).

En el Corán, la violencia sagrada comporta «terribles castigos» que sancionan toda insumisión al orden legal de la *saría*. La violencia tiene una doble cara, hacia dentro contra los transgresores, y hacia fuera como estrategia para impulsar el proceso de universalización de la Ley islámica. Las suras del Corán fundamentan y fomentan un *ethos* de militarización mesiánica, de conquista y dominación, que, históricamente, condujo desde la dinastía mahomética a una sucesión de élites aristocráticas militares, de detentadores del poder musulmán, que siempre pretendieron ser descendientes del profeta y adalides de la yihad.

Dada esta configuración mental, los musulmanes no pueden aceptar otro poder político que el basado en la religión coránica. No conciben otro tipo de autoridad que aquella que gobierna en el nombre de Dios con la misión de aplicar la Ley divina. En esto estrictamente radica el *teocratismo* islámico.

Una vez instauradas las bases, queda consolidado un sistema completo. Los preceptos dictaminados en el Corán, o deducidos de él, llegan a estructurar las codificaciones, inabarcables, firmemente mantenidas por la costumbre y el adoctrinamiento. A continuación, aunque se produzcan repeticiones de lo que ya he expuesto y de lo que desarrollaré más adelante, creo que merece la pena enumerar un compendio de estipulaciones legales:

1. El Corán obliga a creer en Alá y en la supuesta revelación divina a Mahoma, literal e inmutable, guía para todo saber y obrar. Los ritos islámicos son obligatorios y públicos: la profesión de fe, el rezo, el tributo, el ayuno y la peregrinación. Está prohibido tajantemente abandonar el islam, so pena de incurrir en apostasía (Corán 70/16,106; 89/3,90-91; 87/2,217; 89/3,167; 92/4,137; 112/5,54; 113/9,74). Está prohibido criticar al islam y al profeta, acto que se considera blasfemia (Corán 112/5,33). La apostasía y la blasfemia pueden acarrear la muerte.

2. La Ley islámica se instaura indisociablemente con carácter religioso y político, regula todos los aspectos de la vida y funciona como constitución suprema del Estado. No admite más poder que el basado en la religión (Corán 55/6,116; 62/42,15; 62/42,21; 65/45,18; 87/2,120; 90/33,36; 92/4,105; 102/24,51; 112/5,45 y 48-49).

3. Sacraliza el principio de la inferioridad y desigualdad jurídica de la mujer respecto al hombre: «Ellas tienen derechos similares a ellos, según

los usos. Sin embargo, los hombres están un grado por encima de ellas» (Corán 87/2,228).

4. Santifica un régimen de matrimonio y parentesco oriental, de escala tribal, dentro de un sistema jurídico discriminatorio según el sexo y la religión. Autoriza la poligamia para los hombres ricos (Corán 92/4,3; 92/4,129), y el repudio de la esposa (Corán 87/2,227-233). La mujer debe obedecer al marido (Corán 92/4,34). A la mujer no musulmana, para casarse con un musulmán, se la obliga a convertirse al islam (Corán 87/2,221).

5. Penaliza como delito grave el adulterio (Corán 74/23,5-7; 90/33, 30; 92/4,25), del que la acusación ha de presentar cuatro testigos (Corán 102/24,4-5).

6. Penaliza como delito grave la fornicación o las relaciones sexuales entre no casados, así como la promiscuidad y las citas ilegales (Corán 42/25,68; 50/17,32; 102/24,2).

7. Castiga como delito grave la homosexualidad, tanto masculina como femenina, aunque más la femenina (Corán 39/7,81; 47/26,165; 48/27,55; 85/29,29; 92/4,15-16; 102/24,19).

8. Prohíbe la prostitución de las mujeres musulmanas (Corán 102/ 24,33), pero no el abuso sexual sobre las esclavas y las no musulmanas (Corán 74/23,6 y 30; 90/33,50; 92/4,3).

9. Impone a los menores la circuncisión, tanto masculina como femenina, aunque no esté directamente en el Corán (91/60,4 y 6).

10. Erige un orden económico y financiero *halal*, cuyo patrón es el reparto desigual del botín (Corán 88/8,1; 88/8,41; 90/33,50; 101/59,6-7; 111/48,19-20). Prohíbe el préstamo con interés (Corán 84/30,39; 87/2,275-276; 87/2,278-280; 89/3,130; 92/4,161), aunque, en realidad, se practica mediante subterfugios. En la herencia, le corresponde a la mujer la mitad que al hombre (Corán 92/4,11-12).

11. Promueve la esclavitud y el mercado de esclavos, que la yihad abastece. Los amos son libres para tener relaciones sexuales con sus esclavas (Corán 70/16,71; 74/23,6; 79/70,30; 84/30,28; 90/33,50 y 55; 92/4,24-25; 92/4,36; 102/24,31).

12. En la justicia, exalta el principio vindicativo del talión (Corán 62/42,40-41; 70/16,126). En cuanto al valor del testimonio, el de una mujer vale la mitad que el de un hombre (Corán 87/2,282).

13. En la indumentaria, dicta normas de vestimenta para las mujeres (Corán 90/33,32-33; 90/33,55; 90/33,59; 102/24,31; 102/24,60). Y también para el atuendo de los hombres (Corán 102/24,30; 102/24,58-59).

14. Instaura reglas de impureza y de pureza que rigen las relaciones con el propio cuerpo y con los demás; de ahí la exigencia de abluciones y otros rituales de purificación (Corán 92/4,43; 112/5,6; 87/2,222; 88/8,11).

15. En la alimentación, fija prohibiciones como la de comer carne de cerdo (Corán 55/6,145; 70/16,115; 87/2,173; 112/5,3). Prohíbe igualmente la carne de otros animales impuros o no sacrificados según el rito *halal*, y también la sangre (Corán 43/35,12; 55/6,118-119 y 121; 55/6,138-146; 60/40,79; 70/16,114-115; 87/2,172-173; 103/22,36; 112/5,1-5).

16. Además, prohíbe el vino y el consumo de toda clase de bebidas alcohólicas (Corán 70/16,67; 87/2,219; 92/4,43; 112/5,90-91).

17. Aunque prohíbe el homicidio, establece que, en ciertos casos, es legal matar y cobrarse el precio de la sangre, aplicando así el talión (Corán 50/17,33; 87/2,178-179; 87/2,194; 92/4,92; 112/5,45).

18. La Ley islámica solo otorga plenos derechos a los súbditos musulmanes, por lo que los judíos y los cristianos en la sociedad musulmana están jurídicamente discriminados, bajo el estatuto de la *dimma*, con onerosos impuestos y humillados (Corán 113/9,29).

19. Las personas que profesen religiones no monoteístas y los ateos están privados de todo derecho y amenazados de muerte o esclavitud. Porque, en el islam, no cabe libertad de conciencia, ni de religión (Corán 89/3,85). Más aún, hay obligación de someterlos a todo el mundo al islam (Corán 109/61,9; 113/9,33), objetivo encomendado a la yihad.

En su núcleo, el derecho islámico consagra una jerarquía de poder de naturaleza teocrática, es decir, no solo santificado teológicamente, sino que pretende aplicar directamente órdenes divinas reveladas. Ahora bien, no vale ocultar la realidad de que tales disposiciones, en su concreción, refuerzan unas brechas estructurales básicas que dividen a la humanidad, por cuanto instauran y consagran la supremacía del musulmán sobre el no musulmán, la supremacía del árabe sobre el no árabe, la supremacía del amo sobre el esclavo, la supremacía del varón sobre la mujer. Todo esto con el agravante de atribuir a Dios la santificación de ese orden tan poco equitativo.

Resultado de la comparación

Una vez que el Corán ha definido a la divinidad como voluntad, y no como logos, no cabe discernimiento acerca de lo que es conforme con la razón, sino tan solo el sometimiento completo al imperativo divino revelado en la Ley, sin que quede un resquicio para cuestionar nada. La Ley islámica exige la renuncia a la propia racionalidad y rechaza toda autonomía moral de las personas. Si históricamente, durante un tiempo, hubo escuelas filosóficas que defendieron el valor de la razón, el hecho es que pronto fueron anatematizadas, reprimidas y eliminadas.

El islam predica el sometimiento a una revelación atribuida a Dios por medio de Mahoma, y la obediencia a los mandatos puestos por escrito. La Ley islámica radicaliza la Torá mosaica. El poder califal islámico, simultáneamente político y religioso, evocando a Mahoma, se considera comisionado para hacer cumplir la Ley a la letra, y de hecho actúa como único intérprete autorizado de lo sagrado, instrumento clave de la dictadura teocrática.

Por otro lado, la ley coránica entendida como revelación literal, inmutable e inapelable hace imposible el perfeccionamiento moral, porque emplaza a los seguidores a un sometimiento mecánico a las normas de un orden definitivo. Este es el punto más cuestionable del Corán y su concepto de la Ley, que no deja margen para la conciencia individual, ni para la evolución histórica.

En los Evangelios cristianos, encontramos una orientación diametralmente opuesta. El significado del Espíritu, irreductible a la letra de la ley, viene a potenciar la conciencia y la libertad en cada uno, que es la base de toda ética verdadera. Esta concepción comporta, a la vez, una filosofía abierta a la posibilidad de organización de una sociedad cambiante, concorde con la racionalidad, con los derechos civiles y la democracia ciudadana.

No es lo mismo amenazar a la gente para que crea que apelar a su libertad. No es lo mismo incitar al odio hacia los seguidores de otra religión que llamar al amor al prójimo. No es lo mismo amar a los enemigos que matarlos allá donde se encuentren.

En resumen, la identificación completa entre religión y política que estructura el derecho islámico, siguiendo al Corán, con la pretensión añadida de que es la voluntad de Dios, fundamenta un trastorno en la visión del mundo y del hombre: no se distingue entre lo público y lo privado, no se deja espacio a la conciencia, ni a la libertad individual, ni a la libertad religiosa, ni a los derechos humanos. La Ley islámica, en cuanto teonómica, propende a un orden social teocrático, a una especie de dictadura totalitaria sacralizada, donde, en el fondo, queda suprimida la ética y la política. Un problema muy grave para el encaje musulmán en las sociedades pluralistas modernas.

6.2. EL TEMA DEL TALIÓN Y LOS CASTIGOS

La llamada ley del talión pretende regular la venganza o el castigo por un delito, de manera que no exceda al daño ocasionado por el propio delito, sino que se atenga a cierto principio de proporcionalidad o reciprocidad. Ese principio había sido recogido en el Pentateuco bíblico por la Ley de Moisés: «Ojo por ojo, diente por diente» (Éxodo 21,23-25; Levítico 24,19-21; Deuteronomio 19,21). Sin embargo, en los Evangelios, la validez del talión fue descalificada por Jesús.

Según el Nuevo testamento

Es bien conocido el pasaje del sermón de la montaña en el Evangelio según Mateo, donde Jesús revisa y puntualiza determinados aspectos de la Ley de Moisés. Allí se refirió expresamente el principio del talión, para criticarlo y rechazarlo, y proponer una alternativa ética desconcertante, de máxima generosidad:

«Habéis oído que se dijo: 'Ojo por ojo, diente por diente'. Pues yo os digo que no resistáis al malvado. Antes bien, si uno te abofetea en la mejilla derecha, ofrécele la otra. Al que quiera pleitear contigo para quitarte la túnica, déjale también el manto. Si uno te fuerza a caminar mil pasos, ve con él dos mil. Da a quien te pida, y no vuelvas la espalda a quien te pida prestado» (Mateo 5,38-42).

Los apóstoles Pablo y Pedro, en sus cartas, son taxativos en la recomendación de detener la espiral del mal: «Mirad, que nadie devuelva mal por mal; buscad siempre el bien entre vosotros y para todos» (1 Tesalonicenses 5,15; Romanos 12,17; 1 Pedro 3,9). En el cristianismo no se ha revelado ningún código penal. Una cosa es el pecado y otra el delito, y este último cae bajo la jurisdicción civil.

Según el Corán

La ley del talión es uno de tantos elementos que el islamismo adoptó del judaísmo mosaico, como principio jurídico de retribución y de punición, sin duda una aplicación bastante primitiva de la proporcionalidad o la justicia. En efecto, el Corán lo reproduce en los capítulos posteriores a la hégira:

«¡Vosotros que habéis creído! Se os ha prescrito el talión en casos de homicidio: hombre libre por hombre libre, esclavo por esclavo, mujer por mujer. Pero, si alguien es perdonado en algo por su hermano, que la compensación se haga según se convenga y la indemnización proporcionada. Esto es un alivio por parte de vuestro Señor y una misericordia. Después de esto, quien viole la ley tendrá un castigo doloroso. En la ley del talión tenéis vida» (Corán 87/2,178-179).

«El mes sagrado por el mes sagrado. Las cosas sagradas caen bajo la ley del talión. Si alguien transgrede contra vosotros, transgredid contra él en la medida que transgredió contra vosotros. Temed a Dios. Y sabed que Dios está con los que temen» (Corán 87/2,194).

«En ella, les hemos prescrito: 'Vida por vida, ojo por ojo, nariz por nariz, oreja por oreja, diente por diente y por las heridas el talión'. Quien renuncie a ello, será una expiación para él. Quienes no juzguen según lo que Dios ha hecho descender, esos son los opresores» (Corán 112/5,45).

Esta última aleya alude a la Ley mosaica, aunque añade de su cosecha lo de «nariz por nariz, oreja por oreja», que no aparecen en la Biblia.

Para la ley coránica, que, como sabemos, se apoya únicamente en la voluntad divina revelada en normas concretas, propiamente no tiene sentido invocar ningún principio jurídico, ni siquiera el del talión. Quizá por eso suele aparecer ya estipulado en disposiciones específicas. Hay muchas otras prácticas que se amparan igualmente en la ley del talión, por ejemplo, la venganza de sangre de la propia familia contra el miembro que la ha infamado. Y, de alguna manera, toda la panoplia coránica de castigos ostenta un carácter vindicativo análogo al talión.

La idea del castigo es central en el Corán, donde se repite que Dios castiga en 415 ocasiones. Califica ese castigo como «castigo doloroso» (62 veces), «castigo terrible» (12 veces), como «fuego» (182 veces) e «infierno» (121 veces). Pero, después de la hégira, el castigo pasa a manos de Mahoma, quien instituye un régimen penal con crudelísimos castigos para las infracciones de la Ley: flagelación, amputación, lapidación, decapitación, crucifixión, esclavización, etc. Son las penas que, más tarde, fueron recogidas por los códigos del derecho islámico. Veamos algunas muestras:

«Las mujeres virtuosas son obedientes y guardan el secreto que Dios manda guardar. A aquellas de las que temáis la disensión amonestadlas, abandonadlas en el lecho, y pegadles» (Corán 92/4,34).

«A la fornicadora y al fornicador flageladlos a cada uno con cien azotes. No tengáis compasión hacia ellos en la religión de Dios, si creéis en Dios y en el último día. Que un grupo de creyentes sea testigo de su castigo» (Corán 102/24,2).

«A aquellas de vuestras mujeres que practiquen la homosexualidad, haced que atestigüen contra ellas a cuatro de vosotros. Si atestiguan, recluidlas en las casas hasta que la muerte las llame, o hasta que Dios les dé una salida» (Corán 92/4,15).

«Se os ha prescrito el talión en casos de homicidio: hombre libre por hombre libre, esclavo por esclavo, mujer por mujer. Pero, si alguien es perdonado en algo por su hermano, que la compensación se haga según se convenga y la indemnización proporcionada. (…) Después de esto, quien viole la ley tendrá un castigo doloroso » (Corán 87/2,178).

«Al ladrón y la ladrona, a los dos cortadles las manos como retribución por lo que han cometido, como escarmiento por parte de Dios» (Corán 112/5,38).

«La retribución de quienes guerrean contra Dios y su enviado, y se dedican a corromper en la tierra, es que sean matados, o crucificados, o que se les corten las manos y los pies opuestos, o que sean desterrados del país» (Corán 112/5,33).

El mandato del Corán de hacer cumplir lo que está prescrito e impedir lo que está prohibido (Corán 113/9,71) conduce a la institucionalización de un sistema inquisitorial permanente, ubicuo, encargado de promover la virtud y reprimir el vicio, para así cumplir la Ley islámica y aplicar su código penal.

Resultado de la comparación

En el principio del talión y el régimen punitivo basado en la religión hallamos, de nuevo, un gran contraste entre el Corán y los Evangelios. Hacía mucho tiempo que Jesús había puesto en cuestión la pretendida justicia del «ojo por ojo», que solo contribuye a añadir un mal a otro mal. De lo que se trata es no solo de limitar el alcance del mal, representado por el propio castigo, sino de vencer al mal a fuerza de bien, para conseguir más plenamente la paz.

Un aspecto emblemático de la Ley islámica es que le resulta inconcebible una actitud de reconocimiento y aceptación hacia los no musulmanes, a los cuales categoriza de «infieles» y, por este mero hecho, los considera merecedores de castigo. En efecto, el Corán incita al odio contra ellos, y llama al combate hasta exterminarlos, llegado el caso. No cabe una posición más extrema y extraña frente a la enseñanza cristiana del amor a los enemigos.

6.3. EL TEMA DEL MATRIMONIO

Las estructuras del parentesco, la familia y el matrimonio aportan las reglas más básicas de la organización en las sociedades humanas. Las de tipo islámico presentan un perfil muy peculiar, que incluye la supremacía masculina y la supeditación femenina, la paternidad y la filiación, la entrega en matrimonio de niñas impúberes, la facultad de repudio y la condena por adulterio. El contraste con el cristianismo es de alcance estructural fundamental.

Según el Nuevo testamento

La organización familiar en el cristianismo es de tipo «occidental», ampliamente exógama y centrada en la familia nuclear. El matrimonio se establece como sociedad conyugal, basada en una alianza bilateral, con herencia y patrimonio generalmente compartidos. En general, la filiación y la herencia son bilaterales. Lo primordial radica en que se postula la igualdad de derechos y obligaciones para el hombre y para la mujer.

«Jesús les dijo: 'Desde el principio de la creación Dios los hizo varón y hembra. Por eso uno deja a su padre y a su madre, y se casa con su pareja, y los dos compartirán una misma humanidad. De modo que ya no son dos sino una sola humanidad. Por tanto, lo que Dios ha equiparado, que no lo discrimine nadie'» (Marcos 10,6-9).

«Cumpla el marido su deber con su mujer, y lo mismo la mujer con su marido. La mujer no se enseñorea de su propio cuerpo, sino el marido. Lo mismo el marido no se enseñorea de su propio cuerpo, sino la mujer. No os privéis uno de otro, si no es de mutuo acuerdo» (1 Corintios 7,3-5).

En sus cartas auténticas, Pablo subraya claramente la igualdad de la mujer en la familia y en la asamblea cristiana. En lo que concierne al matrimonio de niñas impúberes, no está permitido, pues se exige un mínimo de madurez. Aunque no lo aborde de manera directa, se podría relacionar con este dicho de Jesús:

«A quien escandalice a uno de estos pequeños que creen en mí, más le valdría que le colgaran al cuello una piedra de molino y lo arrojaran al fondo del mar» (Mateo 18,6),

Según el Corán

Al parecer, las disposiciones coránicas posteriores a la hégira no hacen más que consagrar el derecho árabe preexistente, con algunas modificaciones puntuales. Por ejemplo, la sura 4 establece una reglamentación específica sobre la clase de mujeres que quedan excluidas como posibles esposas, por lo que, en este sistema, caen bajo la prohibición del incesto (Corán 92/4,22-24).

La organización social y familiar islámica es de tipo «oriental», muy apegada a la tribu y la red de parentesco intratribal. La tribu está formada por clanes y cada clan consta de una serie de familias patriarcales. El matrimonio tiende a resolverse en el seno de la propia tribu, donde familias de un clan y de otro conciertan el casamiento. También está permitida la incorporación de mujeres de otra tribu. El cónyuge ha de ser obligatoriamente musulmán. El no musulmán que quiera contraer matrimonio con un musulmán deberá islamizarse antes e incorporarse a la *umma*. Con respecto al matrimonio con cristianos, se les exige expresamente la conversión al islam:

«No os caséis con las asociadoras, sino cuando hayan creído. (…) No deis esposas a los asociadores, sino cuando hayan creído» (Corán 87/2,221).

Respecto a los judíos, hay un versículo que admite el matrimonio con mujeres de las gentes del libro, expresión que designa a los judíos:

«Os están permitidas las mujeres honestas entre las creyentes, y las mujeres honestas entre aquellos a los que se les dio el libro antes que a vosotros, si les dais la dote y os casáis, no como libertinaje ni tomando amantes» (Corán 112/5,5).

La regulación del matrimonio, el repudio y el nuevo matrimonio está sometida a una serie compleja de prohibiciones, según las circunstancias particulares:

«Si él la repudia, ella no le estará permitida después, sino cuando haya estado casada con otro marido» (Corán 87/2,230).

«No les prometáis [a las viudas] nada en secreto, sino decid palabras convenientes. Y no decidáis contraer el matrimonio hasta que se cumpla el período de espera prescrito» (Corán 87/2,235).

«No debéis ofender al enviado de Dios, ni casaros nunca con las que hayan sido sus esposas» (Corán 90/353).

«Cuando unas creyentes vengan a vosotros como emigradas (…) no las devolváis a los infieles. Ellas no están permitidas para ellos, y ellos no están permitidos para ellas (…) No hay inconveniente en que os caséis con ellas» (Corán 91/60,10).

«El fornicador no se casará más que con una fornicadora, o una asociadora, y la fornicadora no será casada más que por un fornicador o un asociador. Esto está prohibido a los creyentes» (Corán 102/24,3).

En el tipo de familia islámica, la filiación y la herencia se transmiten por línea masculina. Es de máxima importancia el honor familiar, que al ser mancillado por algún miembro de la familia, requiere la venganza de sangre, que es incumbencia del propio clan.

El Corán asume la supremacía masculina como instituida por Dios y, sobre este supuesto, justifica y legaliza la poligamia como prerrogativa del varón, la poliginia.

«Ellas tienen derechos sobre ellos como ellos sobre ellas, según la costumbre. Sin embargo, los hombres están un grado por encima de ellas» (Corán 87/2,228).

«Los hombres tienen preeminencia sobre las mujeres, porque Dios ha favorecido a unos con respecto a otras y por lo que ellos gastan de sus fortunas» (Corán 92/4,34).

«Casaos con las mujeres que os gusten: dos, tres y cuatro. Pero, si teméis no ser justos, entonces con una sola, o con lo que vuestras manos derechas posean [= las esclavas que tengáis]» (Corán 92/4,3; también 74/23,6 y 30; 90/33,50 y 92/4,24-25).

El musulmán, siempre que cuente con recursos, puede contraer hasta cuatro matrimonios compatibles entre sí, y así tener cuatro mujeres legales. Además, tiene derecho al acceso sexual a las esclavas de la casa, aunque estén casadas. Modelo eximio de poliginia fue Mahoma, que gozó de privilegios exclusivos. Cambió incluso la norma tradicional que prohibía las nupcias con la mujer de un hijo adoptivo, para poder casarse con la mujer de su ahijado Zaid, de la que se había prendado (Corán 90/33,37-40). A sus mujeres se les prescribía contentarse con lo que él les diera (cfr. Corán 90/33,50-52).

La obligación legal del marido musulmán hacia la mujer se limita a entregarle la dote al contraer matrimonio (Corán 92/4,4) y proporcionarle alimento y vestido, en tanto él adquiere todas las prerrogativas maritales. A la mujer no se le reconocen propiamente derechos sexuales. Como buena esposa ha de vivir en función de su marido, que está facultado para controlarla e incluso castigarla.

«Las mujeres virtuosas son obedientes y guardan el secreto que Dios manda guardar. A aquellas de las que teméis la disensión amonestadlas, abandonadlas en el lecho, y pegadles. Si os obedecen, no busquéis más medidas contra ellas» (Corán 92/4,34).

Del estatus de la mujer musulmana trataremos ampliamente, más adelante, en el apartado sobre la inferioridad de la mujer en el orden coránico.

Otro aspecto importante se refiere a la institución legal del matrimonio infantil, con niñas menores de edad, incluso impúberes, que se da por sentado en el Corán, cuando, al dar normas para el repudio, añade «lo mismo para las impúberes» (Corán 99/65,4). Este tipo de matrimonio con una niña está prestigiado por el ejemplo de Mahoma, pues se cuenta, tanto en la vida del profeta como los relatos de los hadices, que se casó con la niña Aisha y consumó su matrimonio cuando ella tenía nueve años. Todavía hoy, en países donde rige el derecho islámico, es legal que un varón adulto se case con una menor, en un matrimonio concertado por ambas familias.

El derecho al repudio resulta ser igualmente una prerrogativa masculina. Para que el marido repudie a su esposa basta con que se lo diga, repitiéndolo tres veces (aunque puede revocarlo luego hasta dos veces). Las condiciones y el procedimiento están regulados en distintos pasajes, que fijan una serie de obligaciones, entre ellas compensar con una pensión (Corán 87/2,226-232 y 237; 92/4,24; 99/65,1-2; 105/58,1-4). Pero no existe la posibilidad recíproca de que la mujer tome la iniciativa para repudiar al marido. Un motivo legítimo para ejercer el repudio puede ser el simple deseo de cambiar de esposa (Corán 92/4,20).

Resultado de la comparación

La comparación es tanto más pertinente cuanto que el Corán, libro sagrado islámico, se fraguó precisamente en oposición al Nuevo testamento cristiano. Son dos sacralidades contrapuestas, sobre las que se erigieron históricamente dos civilizaciones diferentes en esencia. De ahí que sus respectivos modos de organización social y familiar resulten antagónicos e incompatibles.

La diferencia más radical tiene que ver con la matriz de igualdad de derechos para el hombre y la mujer que se desprende de los Evangelios. En el fondo, es el asunto discutido en la perícopa de Marcos 10,1-12, cuyo asunto principal no trata, como suele decirse, de la indisolubilidad matrimonial, sino la igualdad jurídica del marido y la mujer. Ahí, Jesús defiende el mismo derecho para ambos.

El Corán contrasta con los Evangelios no solo en la infravaloración de la mujer, sino en la concepción del matrimonio: la poligamia frente a la monogamia, otro hecho en el que se pone de manifiesto el lugar subordinado que se asigna a las mujeres en la estructura de la sociedad muslímica.

El matrimonio coránico consagra el papel de la mujer como moneda de cambio, con la función de consolidar la jerarquía social y reforzar, además, el sistema de exclusión y desigualdad de derechos para los no musulmanes. La mente islámica, troquelada por el Corán, no es capaz de pensar la especie humana como verdaderamente humana y a todas las personas como sujetos de derechos humanos. Desde su punto de vista, la humanidad y el derecho no se adquiere más que por la pertenencia a la comunidad sometida al islam y en los términos discriminatorios que el Corán instaura.

6.4. El tema de la transgresión sexual

En todo sistema religioso, los comportamientos que se apartan de la norma establecida e incurren en alguna clase de transgresión sexual suelen estar tipificados y penalizados de alguna manera. Nos referimos a la fornicación, el adulterio y la homosexualidad. Ahora bien, la actitud y la respuesta sancionatoria resultan ser muy diferentes, aun cuando se entiendan en general como conductas reprobables.

En el Nuevo testamento

A falta de un estudio más pormenorizado sobre este tema, que no realizaremos aquí, quizá sea suficiente ahora recordar el episodio de Jesús frente a la mujer sorprendida en adulterio, relatado en el Evangelio según Juan, capítulo 8:

«Los letrados y los fariseos le llevaron una mujer sorprendida en adulterio. La colocaron en el centro y le dijeron: 'Maestro, esta mujer ha sido sorprendida en flagrante adulterio. La Ley de Moisés ordena apedrear a esta clase de mujeres. ¿Tú qué dices?'

Lo decían para tentarlo, para tener de qué acusarlo. Jesús se agachó y con el dedo se puso a escribir en el suelo. Como insistían en sus preguntas, se incorporó y les dijo: 'Aquel de vosotros que no tenga pecado que tire la primera piedra'.

De nuevo, se agachó y seguía escribiendo en el suelo.

Al oír aquello, se fueron retirando uno a uno, empezando por los más ancianos hasta el último. Quedó solo Jesús y la mujer en el centro de pie. Se incorporó Jesús y le dijo: 'Mujer, ¿dónde están?, ¿nadie te ha condenado?' Contestó ella: 'Nadie, Señor'. Le dijo Jesús: 'Tampoco yo te condeno. Vete y, en adelante, no peques más'» (Juan 8,1-11).

Según el Corán

El islam concede indudables beneficios sexuales a los varones, sobre todo a quienes puedan costearse un matrimonio poligínico y tener esclavas en casa (Corán 74/23,6 y 30; 90/33,50; 92/4,3). No obstante, los casados cometen un delito grave si buscan relaciones fuera de su casa. Para los solteros, las normas son muy estrictas, ya que su única alternativa es contraer matrimonio o guardar castidad. Los transgresores se exponen a severos castigos.

Si uno no tiene recursos para casarse con una mujer libre, puede contraer matrimonio con una esclava que sea musulmana, con el permiso de sus amos (Corán 92/4,25).

«Los que no tengan medio de casarse, que observen la continencia hasta que Dios los enriquezca con su favor. (…) Si ellas desean permanecer castas, no obliguéis a vuestras esclavas a prostituirse para obtener un beneficio de esta vida. Pero si alguno las obliga, Dios, tras haber sido obligadas, es indulgente, misericordioso» (Corán 102/24,33).

El Corán advierte a los creyentes contra la fornicación (Corán 42/25,68 y 50/17,32), pero es posible que esos versículos sean interpolaciones tardías. En las suras posteriores a la hégira se condena taxativamente el libertinaje, la fornicación y el tener amantes (Corán 91/60,12; 92/4,24-25; 112/5,5). En caso de fornicación, si entendemos por tal el hecho de mantener relaciones sexuales sin estar casados, se prevén puniciones corporales:

«A la fornicadora y al fornicador azotadlos a cada uno con cien latigazos. No tengáis la menor compasión hacia ellos en la religión de Dios, si creéis en Dios y en el último día. Que un grupo de creyentes sea testigo de su castigo» (Corán 102/24,2).

Una tradición musulmana dice que esa pena de flagelación está abrogada, y endurecida, por un versículo desaparecido del Corán, pero transmitido por Omar, que ordena la lapidación: «Si el anciano y la anciana fornican, lapidadlos totalmente como castigo de parte de Dios».

Por lo que toca en particular al adulterio, un hombre puede acusar de adulterio a una mujer, pero ella no tiene un derecho equivalente. Para el hombre basta con presentar cuatro testigos. Cuando la acusación es contra la propia esposa, y no hay testigos, el marido tiene que testimoniar cuatro veces jurando por Dios que dice la verdad y que, si no, caiga la maldición divina sobre él. No obstante, la mujer puede evitar el castigo, si lo contradice jurando también cuatro veces por Dios que su marido miente (Corán 102/24,4-9).

Por último, con respecto a la homosexualidad, el Corán la condena como conducta deshonesta en varias ocasiones:

«Acuérdate de Lot cuando dijo a su gente: '¿Practicáis la deshonestidad que nadie en el mundo ha practicado antes? Satisfacéis vuestra concupiscencia con los hombres, en lugar de con las mujeres. Ciertamente sois gente inmoral'» (Corán 39/7,80-81; igualmente en 48/27,54-55).

La represión de Dios se dirige, en especial, contra los maridos que tienen trato voluptuoso con otros varones, descuidando a sus esposas (Corán 47/26,165-166).

«Lo practicáis con hombres, asaltáis en el camino, y practicáis lo repugnante en vuestras reuniones» (Corán 85/29,29).

Pero, en el caso de que la «deshonestidad» sea practicada por mujeres, la sanción es mucho más cruel para ellas. En efecto, la sura 4 establece que a ese tipo de transgresoras se las encierre hasta que mueran:

«Aquellas de vuestras mujeres que practiquen la deshonestidad, haced que atestigüen contra ellas cuatro hombres de vosotros. Si atestiguan, recluidlas en las casas hasta que la muerte se acuerde de ellas, o que Dios les procure una salida» (Corán 92/4,15).

En cambio, cuando los transgresores son varones, se aplica el versículo siguiente, que dictamina un severo castigo, no especificado, pero a la vez se les ofrece la posibilidad de evitarlo fácilmente, con la única condición de mostrar arrepentimiento y hacer alguna obra de caridad:

«Cuando la practiquen dos de vosotros, castigadlos severamente. Si se arrepienten y hacen una buena obra, dejadlos en paz. Dios es indulgente, misericordioso» (Corán 92/4,16).

Resultado de la comparación

En el caso de flagrante adulterio, Jesús corrigió y humanizó la Ley de Moisés, mientras que la ley del Corán impone castigos de gran crueldad, refrendados por los hadices de Mahoma y por la jurisprudencia islámica.

Para la homosexualidad, la disparidad se observa dentro del mismo Corán, donde con toda claridad la ley de Dios se muestra bastante más indulgente y misericordioso en el castigo a los varones gais que en la pena impuesta a las mujeres lesbianas, a la hora de juzgar y sancionar a culpables de idéntica transgresión.

6.5. EL TEMA DEL ESTATUS DE LA MUJER

El estatus que una religión otorga a la condición femenina revela un elemento determinante de su visión de la realidad, de su concepción teológica, de su modelo de estructura sociopolítica y de su antropología. Aquí también nos ceñiremos a la doctrina santificada en los textos fundacionales, sin entrar en la historia. Como es de esperar, el tema de la mujer se plantea en correlación y oposición con el tema del hombre en el marco del mismo sistema y en el seno de la misma comunidad.

Según el Nuevo testamento

El papel de la mujer está emblematizado por la figura de María, la madre de Jesús, que ya hemos analizado en un apartado propio y no hace falta repetirlo. En los Evangelios, la presencia significativa de mujeres es constante en diversas ocasiones, entre quienes acompañan a Jesús hasta Jerusalén y en otros momentos en que le salen al encuentro e interactúan con él por distintos motivos. Sin embargo, llama la atención que la mayor parte de los hechos y dichos de Jesús sean completamente ignorados en el Corán en sus referencias Jesús.

En los Evangelios, sobresale Isabel, la esposa de Zacarías y madre de Juan Bautista (Lucas 1,5-25). También la profetisa Ana, que enalteció a Jesús niño (Lucas 2,36-38).

Jesús defendió la igual dignidad del hombre y la mujer en el matrimonio. Reprendió severamente el repudio regulado por la ley de Moisés, que era favorable al marido (Marcos 10,2-12; Mateo 5,31-32 y 19,3-9; Lucas 16,18). Defendió a una adúltera frente a los letrados y la perdonó (Juan 8,3-11). Aseguró que en la vida eterna no habrá ya casamientos, y todos hombres y mujeres serán como ángeles del cielo (Marcos 12,19-25; Mateo 22,30; Lucas 20,34-36), en notorio contrapunto con el sensual paraíso coránico.

Curó a distintas mujeres aquejadas por graves dolencias. A la hija de Jairo el jefe de una sinagoga (Marcos 5,22-24; Lucas 8,41-42). A una que padecía flujo de sangre (Marcos 5,25-34; Mateo 9,20-22; Lucas 8,43-48). A una enferma encorvada (Lucas 13,11-13). A la hija endemoniada de una mujer sirofenicia (Marcos 7,24-30; Mateo 15,21-28).

Tenía amistad con Marta y María de Betania, las hermanas de Lázaro (Lucas 10,38-42). Otra mujer, una pecadora arrepentida, lo ungió con un frasco de perfume, también en Betania (Marcos 14,3-9; Mateo 26,6-13; Lucas 7,37-50).

En sus desplazamientos por Galilea y Judea, acompañaban a Jesús los Doce y algunas mujeres, María Magdalena, Juana de Cusa, Susana y otras (Lucas 8,1-3).

En Samaría, junto al pozo de Jacob, Jesús mantuvo una conversación con una mujer samaritana acerca de cómo debía ser el culto verdadero (Juan 4,6-29).

Cuando lo llevaban condenado camino del monte Calvario, lo seguía una multitud de mujeres que se compadecían de él (Lucas 23,27-28).

María Magdalena y otras mujeres que lo habían seguido estuvieron cerca de Jesús en su crucifixión (Marcos 15-40-41; Mateo 27,55; Lucas

23,49; Juan 19,25-27), también estuvieron junto al sepulcro (Mateo 27,61; Lucas 23,55-56) y ellas fueron los primeros testigos de la resurrección (Mateo 28,1-10; Juan 20,11-18; Lucas 24,1-10; Juan 20,11-18).

En espera de Pentecostés, permanecían juntos orando los apóstoles con algunas mujeres y María la madre de Jesús (Hechos 1,14).

El libro de los *Hechos de los apóstoles* subraya positivamente la participación de «hombres y mujeres» en los acontecimientos fundantes de la primitiva Iglesia:

«Los creyentes cada vez en mayor número se adherían al Señor, una multitud de hombres y mujeres» (Hechos 5,14).

«Entretanto Saulo hacía estragos en la Iglesia; entraba por las casas, se llevaba por la fuerza hombres y mujeres, y los metía en la cárcel» (Hechos 8,3)

«Cuando creyeron a Felipe que anunciaba la buena nueva del Reino de Dios y el nombre de Jesucristo, empezaron a bautizarse hombres y mujeres» (Hechos 8,12).

«Saulo se presentó al Sumo Sacerdote y le pidió cartas para las sinagogas de Damasco, para que si encontraba algunos seguidores del camino, hombres o mujeres, los pudiera llevar atados a Jerusalén» (Hechos 9,1-2).

«Yo perseguí a muerte a este Camino, encadenando y arrojando a la cárcel a hombres y mujeres» (Hechos 22,4).

En el Nuevo testamento, se alude a una cincuentena de mujeres concretas, a unas sin decir su nombre, designándolas como la suegra de Pedro, la viuda de Naín, la hija de Jairo, la criada de Caifás, la mujer de Pilato, la samaritana, etc. Pero se cita el nombre propio de una treintena de ellas. En los Evangelios: María la madre de Jesús, Isabel la madre de Juan Bautista, Ana la profetisa, María Magdalena, Marta y María de Betania, María de Cleofás, Juana de Cusa, Salomé, Susana. En el libro de los Hechos: Safira (Hechos 5), Tabita de Jafa (Hechos 9,36), Lidia (Hechos 16,14-15), Damaris (Hechos 17,34), Berenice esposa del rey Agripa (Hechos 25,13), Febe la diaconisa (Hechos 16,1-2), Priscila la mujer de Aquila (Hechos 18,2). En las cartas de Pablo: María la colaboradora (Romanos 16,6), Junia la mujer de Andrónico (Romanos 16,7), Trifena, Trifosa y Pérside (Romanos 16,12), Cloe (1 Corintios 1,11), Julia, Nerea y Olimpa (Romanos 16,15), Evodia y Síntique (Filipenses

4,2), Loida y Eunice (2 Timoteo 1,5), algunas de ellas con funciones directivas en la comunidad.

Según el Corán

Con respecto a las mujeres, el Corán menciona únicamente el nombre de María, la madre de Jesús, 34 veces. Menciona, en otro orden, los nombres de las tres diosas: Lat, Uzza y Manat (Corán 23/53,19-20). Y eso es todo. Llama la atención que no se nombre a ninguna otra mujer, ni siquiera a alguna de las mujeres del profeta. En conjunto, las alusiones a mujeres en el Corán suman menos de la mitad que en el Nuevo testamento.

Por principio, el Corán diferencia esencialmente entre la mujer musulmana y la que no lo es. Esta última no cuenta en absoluto como sujeto de derechos. Así que aquí trataremos de las mujeres pertenecientes a la comunidad musulmana. Desde los primeros tiempos, para ser creyentes, es decir, musulmanas, a las mujeres se les requerían varios juramentos específicos que no se pedían por igual a los varones:

«¡Profeta! Cuando las creyentes vengan a ti jurándote que no asociarán nada a Dios, que no robarán, que no fornicarán, que no matarán a sus hijos, que no cometerán la infamia perpetrada entre sus manos y pies [atribuyendo a sus maridos hijos que no son suyos], que no te desobedecerán en lo que es conveniente, entonces acepta su juramento de fidelidad y pide perdón a Dios por ellas» (Corán 91/60,12).

Encontramos que, en numerosos aspectos, no son los mismos los derechos y deberes de los varones y los de las hembras, ni en esta vida, ni en la otra. En términos generales, el Corán instaura y consagra la supremacía masculina y la subordinación femenina.

Aunque se dice que Dios creó al macho y la hembra (Corán 9/92,3; 23/53,45; 31/75,39; 106/49,13) y que a unos y a otras Dios los premiará por sus buenas obras (Corán 60/40,40; 70/16,97; 89/3,195; 92/4,124), con el mismo énfasis se afirma que el nacimiento de un macho vale más que el de una hembra (Corán 70/16,58; 89/3,36).

«¡Señor mío! He dado a luz una hembra. Bien sabe Dios lo que ella ha dado a luz, y el macho no es como la hembra» (Corán 89/3,36).

Aunque en ocasiones se equipara formalmente a las mujeres con los hombres (Corán 90/33,35; 92/4,1; 92/4,7; 102/24,26; 111/48,25), son más las veces que se discrimina a ellas desfavorablemente con respecto a ellos (Corán 87/2,236; 92/4,32; 92/4,34; 92/4,75; 92/4,98; 92/4,176; 102/24,31).

A. La mujer es inferior al hombre teológicamente

Según el Corán, Dios decidió favorecer a los varones más que a las hembras, por lo que hay un fundamento teológico. De ahí que las normas jurídicas recorten los derechos de la mujer en asuntos de matrimonio, herencia, etc., al tiempo que dan la primacía al varón:

«Los hombres están un grado por encima de ellas» (Corán 87/2,228).

«Los hombres tienen preeminencia sobre las mujeres, porque Dios ha favorecido a ellos con respecto a ellas y por lo que ellos gastan de sus fortunas» (Corán 92/4,34).

La desigualdad instaurada desde el origen no termina en esta vida, sino que persiste más allá. Aunque a todos los retribuirá Dios (Corán 60/40,40; 70/16,97; 92/4,124), no de la misma manera, según se infiere a partir de las descripciones coránicas del paraíso, donde las mujeres apenas se mencionan, salvo como huríes destinadas a la satisfacción de los varones.

B. La mujer es inferior por naturaleza

La consideración de inferioridad femenina se atribuye asimismo a la naturaleza, por lo que el nacimiento de una niña es vivido en la familia como una desgracia:

«Cuando se anuncia a uno de ellos una hembra, su cara se vuelve sombría, sofocada de angustia. Se esconde de la gente, a causa de la desgracia que se le ha anunciado» (Corán 70/16,58-59).

El Corán juzga a la mujer deficiente en sus capacidades intelectuales y morales, por lo que no debe intervenir en los asuntos importantes:

«Ese ser criado en medio de acicalamientos, que luego en la discusión no es capaz de explicarse» (Corán 63/43,18).

Para el Corán, la inteligencia femenina solo sobresale en la malicia, el engaño y la seducción, especialmente algunas (cfr. Corán 53/12,22-34).

Otro motivo coránico para la visión negativa de la mujer está, además, en que la contempla como un ser impuro y como fuente de impureza. Sustenta la idea de que el cuerpo de la mujer, sobre todo durante los días de menstruación, es impuro y contagia impureza.

«La menstruación... es un mal. Apartaos, pues, de las mujeres durante la menstruación y no os acerquéis a ellas hasta que se hayan purificado » (Corán 87/2,222).

Tener contacto sexual con mujeres provoca un estado de impureza ritual y legal, que constituye un impedimento para acudir al rezo, por lo que se hace necesario el rito de purificación prescrito:

«¡Vosotros que habéis creído! No os acerquéis al rezo borrachos... ni impuros ... hasta que os lavéis. (...) si habéis tenido contacto con las mujeres, y no encontráis agua, buscad entonces tierra buena y frotad con ella vuestra cara y vuestras manos» (Corán 92/4,43; 112/5,6).

C. La mujer es inferior jurídicamente

El orden social coránico no solo sitúa a las mujeres en una posición subalterna, sino que determina jurídicamente esta subordinación. Porque: «Los hombres están un grado por encima de ellas» (Corán 87/2,228). «Los hombres tienen preeminencia sobre las mujeres» (Corán 92/4,34).

La esposa tiene el derecho a recibir alimento y vestido, pero, dada su falta de sensatez, no se le debe confiar la administración de la hacienda familiar:

«Dad a las mujeres su dote graciosamente. Si ellas os ceden con generosidad una parte, disfrutadla tranquilamente. No confiéis a los insensatos vuestra fortuna, que Dios os ha dado para subsistir. Pero sustentadlos de ella y vestidlos. Y habladles con educación» (Corán 92/4,5).

La infravaloración jurídica repercute en numerosos aspectos de la vida privada y pública, como el matrimonio, las relaciones sexuales, el divorcio, la herencia, el testimonio ante el juez, la pena en caso de adulterio o de homosexualidad, y el valor de la vida.

En el matrimonio, la esposa tiene menos derechos. Las musulmanas en edad núbil no son libres para contraer matrimonio, sino que este es concertado por un tutor. Tienen prohibido casarse con no musulmanes:

«Cuando las creyentes vengan a vosotros como emigradas, examinadlas. Dios conoce bien su fe. Si conocéis que son creyentes, no las devolváis a los descreídos. Ellas no están permitidas para ellos, y ellos no están permitidos para ellas. (…) Pero no tengáis relaciones con las descreídas» (Corán 91/60,10).

La mujer musulmana ha de estar disponible para la poligamia y aceptar que su marido tenga otras esposas, además de las esclavas que posea (Corán 92/4,3), en tanto que ella tiene vetado totalmente el contacto con otro hombre.

En el matrimonio islámico, el deber del marido hacia la mujer se limita a sufragar los gastos de alojamiento, alimento y vestido, pues ella tiene prohibido buscarse la vida por sí misma. En caso de que el marido tema que su esposa lo desobedezca, tiene derecho a castigarla (cfr. Corán 92/4,34). Y a repudiarla en cualquier momento.

En la relación sexual, la mujer está en función del varón. Las esposas se deben al deseo masculino. Legalmente, por el contrato matrimonial, el marido adquiere en exclusiva la vagina de su esposa. Ella debe estar en todo momento disponible. Y él tiene derecho a exigírselo. La sura 23 considera virtuosos a los hombres que satisfacen su apetito sexual solo con sus esposas y sus esclavas. Nada semejante se dice sobre la satisfacción de las mujeres, descritas como un campo que el hombre labra.

«Bienaventurados los creyentes que se prosternan en su azalá (…) que guardan su sexo, salvo con sus esposas o con lo que sus manos derechas posean [las esclavas]» (Corán 74/23,1-6)

«Os está permitido, en las noches del ayuno, tener relaciones sexuales con vuestras mujeres. Ellas son un vestido para vosotros y vosotros sois un vestido para ellas. (…) Ahora, acercaos a ellas y buscad lo que Dios prescribió para vosotros» (Corán 87/2,187).

«Vuestras mujeres son un campo de labor para vosotros. Id a vuestro campo como queráis. Y aprovechad para vosotros mismos» (Corán 87/2,223).

En el repudio y el divorcio, la esposa queda en evidente desventaja. La disolución del matrimonio resulta muy fácil para el marido y muy difícil para la esposa (Corán 87/2,226-232 y 236-237). La iniciativa del repudio es una prerrogativa del marido (Corán, sura 65, titulada precisamente *El repudio*). Recuérdese lo ya expuesto al tratar del matrimonio.

En caso de que la repudiada vuelva a casarse, pierde la custodia sobre sus hijos del anterior matrimonio. En cambio, si el hombre contrae nuevas nupcias, no pierde la custodia de sus hijos.

En materia de herencia, la mujer heredera obtiene menor parte. Las reglas son complejas, pero queda muy clara la discriminación. Cuando heredan los hijos, la hija recibe la mitad que el hijo varón. Si no hay hijos y heredan los padres, el padre recibe dos tercios y la madre un tercio.

«Corresponde a los hombres una parte de lo que han dejado los dos progenitores y los parientes cercanos, y a las mujeres una parte de lo que han dejado los dos progenitores y los parientes cercanos, sea poco o mucho. Una parte determinada» (Corán 92/4,7).

«Dios os ordena con respecto a [la herencia de] vuestros hijos: al varón una parte equivalente a la de dos hembras (…) Si no tiene hijos y solo sus dos progenitores son herederos: para la madre un tercio» (Corán 92/4,11-12).

«Si el difunto (…) tiene hermanos, hombres y mujeres, al varón una parte equivalente a la de dos hembras» (Corán 92/4,176).

Al prestar testimonio, el de la mujer vale la mitad que el del hombre. No se la estima muy fiable como testigo en los negocios o los juicios. Y en ningún caso es válido el testimonio únicamente de mujeres, pues se aduce que la mujer tiene menos inteligencia y tiende a equivocarse.

«Haced que testifiquen dos testigos de entre vuestros hombres. A falta de dos hombres, tomad a un hombre y dos mujeres entre quienes aceptéis como testigos, de modo que si una de ellas yerra, la otra pueda corregirla» (Corán 87/2,282).

En caso de adulterio, a la mujer se le prescribe un trato igualitario en cuanto a la pena (Corán 102/24,2). Pero esta igualdad es más bien aparente, dado que el sistema de testigos exigidos es desfavorable para la mujer.

A todos se les prohíbe el adulterio. Pero para el hombre son legítimas las relaciones sexuales con las esclavas; jamás está permitida la relación de la mujer con un esclavo. A los hombres se les prohíben, en particular, las relaciones con las mujeres que se consideran «preservadas» (Corán 92/4,24-25; 112/5,5). El Corán tipifica los delitos de adulterio y de fornicación, para los cuales, en principio, ambos cómplices reciben el mismo castigo (Corán 102/24,2).

El marido tiene derecho a presentar acusación de adulterio contra su esposa, incluso sin testigos. Si la acusa en falso y se descubre, puede librarse fácilmente (Corán 102/24,6-9). En cambio, nunca se plantea la posibilidad de que la esposa denuncie al marido.

Para el Corán, la relación homosexual, masculina o femenina, es una «deshonestidad» que se condena con severos castigos, pero las mujeres reciben un castigo mucho peor, cono ya vimos en un apartado anterior.

Las relaciones lascivas entre personas del mismo sexo se mencionan al menos en cuatro pasajes (Corán 39/7,80-81; 48/27,54-55; 85/29,29; 92/4,15). Se consideran un pecado abominable y un delito que debe castigarse. Pero, mientras a las mujeres se las recluye hasta que mueran, los varones pueden esquivar el castigo con una leve penitencia (Corán 92/4,15-16). La condena resulta aún peor en los desarrollos posteriores contenidos en los hadices y en la jurisprudencia islámica, donde se dicta pena de lapidación en determinadas circunstancias.

El valor de la vida de una mujer en menor que el de la vida de un hombre, como se demuestra en el caso de la vindicación por homicidio. El Corán, en aplicación de la ley del talión, reconoce el derecho a la venganza de sangre: matar a un pariente de quien ha matado. Pero en su aplicación, la vida de la mujer vale menos. Legalmente la vida de un hombre matado solo se compensa con la muerte de otro hombre; no vale la de una mujer, que solo satisface la muerte de una mujer.

«Se os ha prescrito el talión en caso de homicidio: hombre libre por hombre libre, sirviente por sirviente, hembra por hembra» (Corán 87/2,178).

También es verdad que esta pena de venganza se puede sustituir, si se llega a un acuerdo, por una indemnización económica «conforme a la costumbre». En tal caso, por el asesinato de una mujer se pagará la mitad que por el de un hombre.

Finalmente, reiteremos que la obligación femenina de llevar el velo simboliza el destino que el noble Corán ha revelado para las mujeres, casadas o vírgenes, el sometimiento dócil a Dios y al varón, esto es, ser las mejores esposas «sumisas, creyentes, devotas, arrepentidas, adoradoras, ayunantes» (Corán 107/66,5).

D. *La mujer está supeditada al hombre hasta en el paraíso*

En las descripciones coránicas, los jardines del paraíso aparecen concebidos solo en función del placer de los varones, a quienes sirven hermosas vírgenes y apuestos efebos.

«Estos son los más cercanos [a Dios] en los jardines de la felicidad (…) sobre divanes decorados, y recostados, unos enfrente de otros. Entre ellos deambulan jovencitos eternos, con copas, jarras y un cáliz como una fuente, que no les producirán jaqueca ni embriaguez (…) Y habrá huríes de grandes ojos negros, semejantes a perlas preservadas, en retribución por lo que ellos hicieron» (Corán 46/56,10-22).

El voluptuoso paraíso está preparado para los varones agraciados: «estarán entre azufaifos sin espinas, plátanos de racimos apiñados, extensa sombra, agua fluyente y abundante fruta, inagotable y disponible, sobre lechos elevados. Las hemos formado con cuidado, las hemos hecho vírgenes, agradables, de una misma edad» (Corán 46/56,28-37); se unirán con vírgenes recatadas, de grandes ojos negros (Corán 56/37,48-49; 64/44,51-55; 76/52,19-20); doncellas de senos redondeados (Corán 80/78,31-33); como esposas purificadas (Corán 87/2,25); que nadie habrá desflorado antes (Corán 97/55,54-58); huríes recluidas en mansiones, intactas, recostadas en almohadones verdes sobre bellas alfombras (Corán 97/55,70-74).

Lo más llamativo y sintomático está, sin duda, en que el Corán no describe nunca nada análogo con respecto a las mujeres, por mucho que diga que para ellas también están abiertas las puertas de los jardines (Corán 94/57,12; 111/48,5; 113/9,72), por donde los riachuelos fluyen eternamente.

Al final, la descripción coránica del paraíso consagra el sistema de desigualdades y jerarquías de este mundo también en el otro. Y viceversa.

La dispar consideración de la mujer y su estatus entre los textos respectivos del Nuevo testamento y el Corán resulta patente. En la religión coránica y en la sociedad musulmana, el estatus de la mujer con respecto al hombre presenta un perfil negativo, con una incontestable inferioridad de la mujer. Está estigmatizada como inferior teológicamente. Es considerada inferior por naturaleza y en inteligencia. Es percibida como fuente de impureza. Es juzgada como deficiente intelectual y moralmente. Es tratada como inferior social y jurídicamente. Tiene menos valor en la venganza de sangre. Tiene menos derecho en la herencia. Tiene menos derechos en el matrimonio. Está supeditada en la relación sexual. Queda en desventaja en el divorcio. Está más indefensa en caso de adulterio. Recibe peor castigo por la homosexualidad. Sufre la mutilación genital. Es descrita como objeto sexual en el paraíso. El velo islámico simboliza visiblemente la sumisión femenina y la supremacía masculina.

Por lo demás, la comparación está basada aquí solamente en el texto del Corán, sin tener en cuenta lo que dicen los hadices de Al-Bujari y de Muslim, o las exégesis y las escuelas de jurisprudencia, donde las prescripciones que consagran la desigualdad y la inferioridad femenina son aún más lacerantes. Pero basta el Corán para ver, sin lugar a duda, que la condición femenina queda definida como taxativamente inferior a la masculina en los planos jurídico, antropológico y teológico.

Entre multitud de aspectos, la relación íntima con el varón constituye un exponente revelador. El texto coránico describe a la mujer como una posesión del varón: «Vuestras mujeres son un campo de labor para vosotros. Id a vuestro campo como queráis. Y aprovechad para vosotros mismos» (Corán 87/2,223), sin contrapartida. Por contra, en el Nuevo testamento, en una tesitura parecida, el apóstol Pablo indica: «La mujer no se enseñorea de su propio cuerpo, sino el marido. Lo mismo el marido no se enseñorea de su propio cuerpo, sino la mujer» (1 Corintios 7,4), valorando así la igualdad y la reciprocidad.

En conjunto, el Corán y el islam marginan a las mujeres del espacio público y marcan esta segregación mediante el dictamen de la vestimenta, en especial el velo islámico. Este consta como símbolo visible de la opresión femenina instaurada por el sistema islámico, con base en un cúmulo de restricciones que mantienen a las mujeres musulmanas en la minoría de edad, como seres deficientes, dependientes, sin nada que decir fuera del ámbito doméstico.

6.6. EL TEMA DE LOS INFIELES

Desde el punto de vista de un sistema religioso, aquellos que no creen en él son vistos evidentemente como no creyentes. Pero el mero hecho de considerar que otros no son creyentes no es lo mismo que categorizarlos como «infieles» en un sentido peyorativo que los estigmatiza como descreídos culpables. La diferencia de creencias entre un sistema y otro tampoco tiene por qué plantearse necesariamente en términos de una actitud agresiva. Sin embargo, cuando una religión es, a la vez, la base de toda la organización social y política, tiende a rechazar y perseguir a las demás religiones. Entonces, la dominación religiosa conduce a la intolerancia y lleva ineluctablemente al enfrentamiento con los otros como enemigos, internos y externos. Quizá esta hostilidad no estaba tan clara en los primeros tiempos del islamismo, cuando los sarracenos conquistadores eran minoritarios en una sociedad mayoritariamente cristiana y judía, pero luego acabó por imponerse y reconfigurar el mensaje del Corán.

Según el Nuevo testamento

La visión cristiana del mundo se caracterizó, desde el principio, por abrir el mensaje de salvación del mesianismo judío a los gentiles, a todos los pueblos. Además, la fe no se expandía por la fuerza, sino mediante la palabra evangélica. El mensaje de los Evangelios apela a la conciencia y la libertad de cada persona y la evangelización se lleva a cabo por medio de la predicación y un modo de vida que persuadan y susciten la adhesión, por medios pacíficos:

«La buena noticia del Reino se proclamará a todas las naciones» (Mateo 24,14).

«Id, pues, y haced discípulos entre todas las naciones» (Mateo 28,19).

Mediante la parábola de la cizaña, Jesús enseña que hay que tener paciencia y no pretender arrancar inmediatamente la mala hierba. El juicio y el castigo se dejan en manos de Dios y se remiten al último día.

«Cuando brotó el tallo y empezó a granar, apareció también la cizaña. Los siervos fueron a decirle al amo: 'Señor, ¿no sembraste semilla buena en tu campo? ¿Cómo es que tiene cizaña?' Él les contestó: 'Algún enemigo lo ha hecho.' Le dicen los siervos: '¿Quieres que vayamos a recogerla?' Él les contestó: 'No, no sea que, al recoger la cizaña, arranquéis a la vez el trigo. Dejad que crezcan juntos hasta la siega' (Mateo 13,26-30).

Según el Corán

Una vez más, el contraste del Corán con las fuentes cristianas es muy marcado. En la sociedad diseñada por el Corán no hay sitio para quienes profesan otras religiones. Solo serán tolerados judíos y cristianos, pero en condiciones humillantes (la *dimmitud*), sometidos al sistema de la ley islámica como súbditos privados de casi todos los derechos.

Y es que el planteamiento coránico establece una oposición tajante entre los creyentes y los descreídos o «infieles». A los creyentes se les encomienda el deber de acabar con los infieles, derrotarlos y someterlos, por todos los medios, sin excluir la violencia armada. Desde este esquema mental, los musulmanes creen firmemente que Dios les ha otorgado el derecho a la conquista del mundo entero, para convertirlo en territorio del islam. Al arrogarse esta misión de conquista, el Corán inspira y justifica la práctica de la yihad, y convoca a ella. Lo expondremos en el próximo apartado de este trabajo.

Ahí encontramos un proyecto fundamental que tiene como objetivo la destrucción de las demás religiones y civilizaciones, como exigencia ineludible de su encomienda: a fin de que solo prevalezca la religión de Alá, la ley del Corán. Por eso, la ética y la política islámica no puede ser otra que la del combate en ese camino, que es la yihad. El propio Corán llega a sostener la idea de que en la yihad se compendia el mensaje unánime contenido en la Torá, el Evangelio y el Corán (cfr. Corán 113/ 9,111). Una vez que se asume como objetivo la implantación por la fuerza del reino de Dios, entendido como dominación mundial de la Ley islámica, de ahí se infiere que está justificada toda clase de violencia contra los «infieles», o sea, contra los no musulmanes.

Al final, en la cosmovisión coránica, el mundo se divide en dos campos antagónicos, el de los creyentes sumisos al poder islámico y el de los no creyentes, o infieles, que resisten y deben ser hostigados y vencidos.

El destino de los no musulmanes que han resistido y han sucumbido en la yihad está predeterminado. Los varones adultos han de convertirse al islam, o serán decapitados. Las mujeres y los niños capturados como botín serán esclavos, destinados al reparto entre los vencedores o a ser vendidos en el mercado esclavista.

El mercado de esclavos, abastecido por «infieles» privados de todos los derechos, tendría una importancia capital a lo largo de la historia islámica, pero desde el principio el Corán lo contempla ya y lo regula:

– A imitación de Mahoma (Corán 90/33,50), el musulmán tiene a gala ser amo de esclavos (Corán 92/4,3).

– El libro sagrado exhorta a ser bueno con los esclavos (Corán 92/4,36). Y hasta permite emanciparlos (Corán 102/24,33).

– Ahora bien, nunca se les debe tratar como a iguales (Corán 70/16,71; 84/30,28).

– El amo musulmán tiene licencia para acceder sexualmente a sus esclavas (Corán 74/23,5-6; 79/70,29-30), incluso si estas esclavas están casadas (Corán 92/4,24).

– Si el amo musulmán desea casarse con una esclava, puede hacerlo a condición de que la esclava infiel se convierta al islam (Corán 92/4,25).

Aunque no sea aconsejable obligar a las esclavas a prostituirse para obtener provecho, tampoco pasará nada si se hace: «si alguien las obliga, Dios se mostrará indulgente, misericordioso» (Corán 102/24,33).

En los fundamentos del islam, no hay posibilidad de concebir nada común a todos los seres humanos: aquellos que no son musulmanes no cuentan como personas, y no se los considera sujetos de derecho.

El punto de vista coránico sobre los no musulmanes se sustenta en la idea de que el islam es la única religión verdadera, la única religión querida por Dios, quien, además, ha mandado a los musulmanes conquistar el mundo entero para su religión. De este mandato divino deducen que el mundo pertenece por derecho a los musulmanes, y que ellos tienen la obligación de extender la yihad a todos los países no islámicos. Por consiguiente, los musulmanes se sienten autorizados, siempre que sea posible, a atacar y apoderarse de territorios y gentes como legítimo botín, implantando obligatoriamente la Ley islámica, a la que están sometidos también los *dimmíes*.

Resultado de la comparación

Mientras que el Corán divide a la humanidad entre «creyentes» e «infieles», entre musulmanes y no musulmanes, negando a estos últimos cualquier reconocimiento, los Evangelios consideran a todos los hombres como hijos de Dios, que hace salir el sol sobre buenos y malos, y es indulgente como el padre del hijo pródigo.

El llamamiento a la yihad reiterado por el Corán, en diferentes contextos, consagra el deber de la lucha armada contra los «infieles»:

«Combatid contra ellos hasta que no haya más subversión y la religión pertenezca a Dios» (Corán 87/2,190-193; Corán 88/8,39).

«Malditos. Donde se los encuentre serán capturados y matados sin piedad» (Corán 90/33,61).

«Capturadlos y matadlos allá donde los encontréis. Os hemos dado plena autoridad sobre ellos» (Corán 92/4,91).

Semejante ímpetu guerrero, esencial en el Corán, es radicalmente opuesto a los mandatos evangélicos de «Id y haced discípulos entre todas las naciones (…) y enseñadles a guardar lo que os he mandado» (Mateo 28,19-20). Las enseñanzas de Jesús, en el espíritu de las bienaventuranzas, llaman a renunciar a la violencia, no desear el mal, trabajar por la paz, amar a los enemigos, perdonar, y vencer el mal con el bien.

6.7. EL TEMA DE LA YIHAD COMO GUERRA POR LA FE

Algunos teóricos han especulado sobre la vinculación entre religión y violencia. Incluso, bastante a la ligera, han pretendido incriminar al monoteísmo por el fomento de la violencia. Pero, a todas luces, el único caso donde ese vínculo resulta concluyente es el de la religión islámica, que justifica la violencia como medio de expandir la fe, desde su fuente en el Corán. La yihad, en el sentido literal de guerra por la religión, constituye un mandato cardinal del sistema islámico, en las antípodas del mensaje cristiano.

En el Nuevo testamento

El Evangelio según Lucas narra que Jesús, al leer en la sinagoga un pasaje del profeta Isaías, omitió al final la lectura de la última frase, «el día de la venganza de nuestro Dios», que evocaba la figura del mesías guerrero:

«Fue a Nazaret, donde se había criado y, según su costumbre, entró un sábado en la sinagoga y se puso en pie para hacer la lectura. Le entregaron el rollo del profeta Isaías. Lo desenrolló y dio con el texto que dice: 'El Espíritu del Señor está sobre mí, porque él me ha ungido para que dé la buena noticia a los pobres; me ha enviado a anunciar la libertad a los cautivos y la vista a los ciegos, para poner en libertad a los oprimidos, para proclamar un año de gracia del Señor'. Lo enrolló, se lo entregó al encargado y se sentó. Toda la sinagoga tenía los ojos fijos en él. Él empezó diciéndoles: 'Hoy, en presencia vuestra, se ha cumplido esta Escritura.' Todos lo aprobaban, admirados de aquellas palabras sobre la gracia que salían de su boca» (Lucas 4,16-22).

Es verdad que el Evangelio según Mateo pone en boca de Jesús un dicho de talante combativo: «No penséis que he venido a traer paz a la tierra. No he venido a traer paz, sino espada» (Mateo 10,34). Pero, para entenderlo bien es necesario continuar leyendo los versículos siguientes: «quien ame a su padre o a su madre más que a mí no es digno de mí», «quien no tome su cruz para seguirme no es digno de mí» (Mateo 10,37-38). Ahí comprobamos que el sentido de la frase es metafórico y está muy claro en el texto y el contexto: se refiere a que uno mismo ha de estar dispuesto a romper personalmente con los lazos familiares jerárquicos y renunciar a los propios intereses egoístas, cuando son un obstáculo para el seguimiento de Jesús.

En los Evangelios, queda descartada la fuerza como medio para difundir el mensaje. Jesús rehusó radicalmente la vía de la violencia para instaurar el reino de Dios y rechazó toda actitud de odio:

«Bienaventurados los pacíficos» (Mateo 5,9).

«No opongáis resistencia al malvado; antes bien si uno te abofetea en la mejilla derecha, ofrécele también la otra» (Mateo 5,39).

«Yo os digo: Amad a vuestros enemigos y rogad por los que os persiguen» (Mateo 5,44; Lucas 6,27 y 35).

Al referir la parábola del trigo y la cizaña, Jesús expresó la necesidad de tolerancia hacia el adversario:

«El reino de Dios es como un hombre que sembró semilla buena en su campo. Mientras la gente dormía, llegó su enemigo y sembró cizaña en medio del trigo, y se fue. Cuando brotó el tallo y empezó a granar, se descubrió la cizaña. Los siervos fueron al amo y le dijeron: 'Señor, ¿no sembraste semilla buena en tu campo? ¿De dónde sale la cizaña?' Les contestó: 'Algún enemigo lo ha hecho'. Le dijeron los siervos: '¿Quieres que vayamos a recogerla?' Les contestó: 'No; no sea que, al recogerla, arranquéis a la vez el trigo. Dejad que crezcan juntos hasta la siega. Al tiempo de la siega, diré a los segadores: Recoged primero la cizaña, atadla en gavillas y echadla el fuego; y el trigo lo guardáis en mi granero'» (Mateo 13,24-30).

El Maestro, en cierta ocasión camino de Jerusalén, quiso parar en una aldea samaritana y no se lo permitieron. Los discípulos expresaron el deseo de que un rayo destruyera aquella aldea que no los había acogido. Pero Jesús los increpó:

«Al verlo sus discípulos Juan y Santiago, dijeron: 'Señor, ¿quieres que pidamos que caiga un rayo del cielo y acabe con ellos?' Él se volvió y los reprendió. Y se fueron a otra aldea» (Lucas 9,53-56).

Cuando, en el monte de los Olivos, guiado por Judas, un grupo armado llegó para arrestar a Jesús, él rechazó responder violentamente.

«Entonces aquellos se adelantaron, le echaron mano a Jesús y lo prendieron. Uno de los que estaban con Jesús echó mano a la espada, la desenvainó y de un tajo le cortó una oreja al criado del sumo sacerdote. Jesús le dice: 'Envaina la espada: quien empuña la espada a espada morirá'» (Mateo 26,50-52; Juan 18,11).

Jesús aceptó su propia muerte y perdonó a quienes lo ejecutaban:

«Cuando llegaron al lugar llamado Calvario, lo crucificaron a él y a los malhechores, uno a la derecha y otro a la izquierda. Jesús dijo: 'Padre, perdónalos, porque no saben lo que hacen' (Lucas 23,33-34).

Inicialmente Mahoma predicaba la inminente hora del fin del mundo, la llegada del Mesías que desencadenaría una lucha apocalíptica para implantar su reinado en la tierra. El Corán refleja por doquier la mentalidad de ese mesianismo armado. Convoca al combate más de cien veces, en el sentido de guerra contra los que considera enemigos de Dios. La *yihad* se constituye en el núcleo de la moral islámica. Por más que el sentido etimológico de la palabra sea hacer un esfuerzo, su uso en todos los contextos coránicos significa lucha con la espada y en formación militar, matando y muriendo por Alá. De hecho, el libro sagrado del islam lanza gran cantidad de amenazas, condenas y órdenes de ataque contra los infieles, consignadas en más de la mitad de sus capítulos.

Mahoma es el modelo que hay que imitar, un profeta levantado en armas, que organizaba la guerra en nombre de Dios (Corán 88/8,65). Esta doctrina, establecida en el Corán, se confirma en la biografía del profeta y en los hadices auténticos, y es sustentada unánimemente por los comentadores, los exegetas y los jurisconsultos musulmanes.

El Corán convoca a la yihad «en el camino de Dios», como combate por la causa mesiánica con toda clase de recursos violentos. El vocabulario bélico se repite con mucha frecuencia, aludiendo inequívocamente a la contienda armada:

— Los términos «combatir» y «combate» se emplean al menos 76 veces en el Corán, casi todas en el sentido militar (74 en capítulos posteriores a la hégira).

— Las palabras «luchar» y «lucha», 32 veces (26 poshegíricas).

— Los vocablos «guerrear» y «guerra», 6 veces (todas poshegíricas).

— El verbo «matar», en contexto de yihad, aparece más de 20 veces.

— La «muerte» en la batalla se menciona unas 50 veces.

De los capítulos llamados de La Meca, anteriores a la hégira, presuntamente no violentos, el 67% emplea la violencia verbal para fustigar moralmente a los que no creen en la predicación de Mahoma.

Los capítulos de Medina, posteriores a la hégira, no solo lanzan maldiciones contra los que no creen, sino que el 51% de ellos ordena y narra agresiones de violencia física contra quienes se oponen al profeta y sus huestes.

En resumen, hay 332 versículos del Corán que se exhortan a la yihad. Atraviesan todo el libro, pues 48 de ellos pertenecen a la época anterior a la hégira, y 284 a la posterior.

Antes de la hégira, las llamadas al combate (yihad) no significaban aún «ir a la guerra», sino ser perseverantes frente a los que desmentían la prédica mahomética. Pero, desde la hégira, el significado bélico se impuso en primer plano, con la creencia de que el mandato de la yihad procedía de la voluntad de Dios y exigía obediencia ciega y enrolarse para combatir, quedando exentos únicamente los ciegos, los cojos y los enfermos (Corán 111/48,17).

Todo buen musulmán tiene el deber religioso y político, prefijado por Dios en el Corán, de odiar, atacar y someter a los «infieles», a los que no creen en el mensaje de Mahoma. La yihad, como militarización mesiánico-milenarista, tiene como objetivo derrotarlos y humillarlos. La misión encomendada a la yihad es imprescriptible y su finalidad mira a la destrucción de todas las demás religiones y culturas, y a la islamización del mundo, bajo el imperio teocrático de la Ley islámica. En definitiva, la yihad es guerrera, o no es nada. Las demás dimensiones son suplementarias, en función de la victoria que, al final, se alcanza y afianza *manu militari*.

En el propio Corán podemos observar una evolución en la doctrina y el planteamiento de la yihad, conforme fueron cambiando las circunstancias, de tal manera que pasa por cuatro fases sucesivas. Lo invariable estriba en que, desde el principio, siempre se concibió como guerra legitimada teológicamente.

A. En los primeros tiempos de La Meca, encontramos la exhortación a no responder violentamente a las agresiones. La tarea de Mahoma se limitaba a advertir y anunciar:

«Ten paciencia con lo que dicen y apártate de ellos discretamente» (Corán 3/73,10).

«No nos incumbe más que la transmisión clara» (Corán 41/36,17).

B. Después de la emigración a Yatrib (Medina), Mahoma, conforme iba organizando una estructura de poder, consideró que estaba permitido responder con la fuerza, en caso de ser agredidos:

«Se da autorización a quienes son atacados [para combatir], porque han sido oprimidos. Dios es poderoso para auxiliarlos. A los que han sido expulsados de sus hogares sin derecho, simplemente por haber dicho: 'Dios es nuestro Señor'» (Corán 103/22,39-40).

C. Más tarde, cuando Mahoma y sus seguidores habían adquirido bastante poder, se les ordenó combatir contra quienes los agredían, de modo que no solo está permitido, sino que es un deber el responder a la agresión:

«Combatid en el camino de Dios contra los que combaten contra vosotros, y no transgredáis. Dios no ama a los transgresores. Matadlos allí donde os encontréis con ellos, y expulsadlos de donde os hayan expulsado. La subversión es más grave que matar. (…) Si combaten contra vosotros, entonces matadlos» (Corán 87/2,190-191).

«Se os ha prescrito el combate, aunque sea repugnante para vosotros. Quizá algo os repugna, cuando es mejor para vosotros. (…) La subversión es un pecado más grande que matar» (Corán 87/2,216-217).

D. Finalmente, una vez consolidado ya su poderío militar, Mahoma emprende la guerra ofensiva. El Corán legitima el tomar la iniciativa bélica. Concibe que es un derecho, y hasta un deber, iniciar la ofensiva en la guerra, de manera que la yihad constituye una obligación en varias situaciones perfectamente especificadas. Es preceptiva 1) la yihad contra los apóstatas que abandonan el islam, 2) la yihad contra los rebeldes o insumisos dentro de la comunidad muslim, 3) la yihad contra los países de infieles o territorios de guerra, y 4) la yihad contra los subversivos que dividen el islam. Para refutar a quienes todavía pretenden negar el significado guerrero de la yihad, aquí sigue una selección de citas coránicas, en orden cronológico:

«Infundiré el terror en los corazones de los que han descreído. Golpeadlos por encima del cuello, golpeadlos en todos los dedos» (Corán 88/8,12).

«Cuando os enfrentéis con aquellos que han descreído, en orden de batalla, no les volváis la espalda. Quien, ese día, les vuelva la espalda, a menos que sea al desplazarse para el combate, o para unirse a una tropa, incurrirá en la ira de Dios, y la gehena será su albergue. ¡Qué detestable destino! No sois vosotros quienes los habéis matado, sino que es Dios quien los ha matado. Cuando lanzabas, no eras tú quien lanzaba, sino que es Dios quien lanzaba. A fin de mostrar a los creyentes una buena prueba de su parte» (Corán 88/8,15-17).

«Combatid contra ellos hasta que no haya más subversión, y que toda la religión sea de Dios » (Corán 88/8,39).

«Preparad contra ellos tanto como podáis, como fuerza y caballos de guerra, a fin de atemorizar al enemigo de Dios y vuestro, y a otros además de estos, que no conocéis. Dios los conoce. Lo que gastéis en el camino de Dios os será devuelto» (Corán 88/8,60).

«¡Profeta! Incita a los creyentes al combate. Si hay entre vosotros veinte que aguanten, vencerán a doscientos. Y si hay entre vosotros cien, vencerán a mil de los descreídos» (Corán 88/8,65).

«Infundiremos el terror en los corazones de los que han descreído, por haber asociado a Dios algo de lo que él no ha hecho descender ningún argumento de autoridad. El fuego será su albergue. ¡Qué detestable morada para los opresores!» (Corán 89/3,151).

«Si sois matados en el camino de Dios, o si morís, un perdón y una misericordia de parte de Dios son mejor que lo que ellos acumulan» (Corán 89/3,157).

«No pienses que los que han sido matados en el camino de Dios están muertos. Están más bien vivos junto a su Señor, recibiendo su recompensa» (Corán 89/3,169).

«Malditos. Donde se los encuentre, serán capturados y matados sin piedad» (Corán 90/33,61).

«Renegamos de vosotros. La enemistad y el odio han aparecido entre nosotros y vosotros para siempre, hasta que creáis solo en Dios» (Corán 91/60,4).

«Los que han creído combaten en el camino de Dios. Y los que han descreído combaten en el camino de los ídolos. Combatid, pues, contra los aliados de satán» (Corán 92/4,76).

«Si vuelven la espalda, capturadlos y matadlos allá donde los encontréis» (Corán 92/4,89).

«Si no se apartan de vosotros, solicitan la paz y rinden sus armas, capturadlos y matadlos allá donde los encontréis. Os hemos dado plena autoridad sobre ellos» (Corán 92/4,91).

«Cuando os enfrentéis a los que han descreído, golpead en la nuca. Cuando los hayáis derrotado, encadenadlos fuertemente. Después de esto, una vez que la guerra haya terminado, o los libertáis, o pedís el rescate» (Corán 95/47,4).

«Una vez que transcurran los meses prohibidos, matad a los asociadores allá donde los encontréis, capturadlos, asediadlos, tendedles emboscadas por todas partes» (Corán 113/9,5).

«Combatid contra ellos. Dios los castigará por vuestras manos, los cubrirá de ignominia, os auxiliará contra ellos, curará los pechos de la gente creyente» (Corán 113/9,14).

«Combatid contra aquellos a los que se les dio el Libro, que no creen en Dios ni en el último día, no prohíben lo que Dios y su enviado han prohibido, y no profesan la religión de la verdad, hasta que paguen el tributo con su mano y en estado de humillación» (Corán 113/9,29).

«Movilizaos, los ligeros y los pesados, y combatid con vuestras fortunas y vuestras personas en el camino de Dios. Esto es mejor para vosotros» (Corán 113/9,41).

«Creed en Dios y luchad junto a su enviado» (Corán 113/9,86).

«¡Vosotros que habéis creído! Combatid contra los infieles que tengáis cerca, y que encuentren dureza en vosotros. Sabed que Dios está con los que temen» (Corán 113/9,123).

Ya sabemos que, en el Corán, cuando hay contradicción entre un versículo y otro, el más reciente prevalece sobre los anteriores, que se consideran abrogados. Así, los versículos que prescriben «el combate en el camino de Dios» anulan cualquier otro previo en sentido contrario (Corán 87/2,190; 92/4,74.76.95; 106/49,15; 109/61,11; 112/5,35; 113/9,41; 113/9,111). Este asunto de la doctrina de la abrogación es de capital importancia, porque de ella se desprende que los versículos definitivos son precisamente los llamados «versículos de la espada»: Corán 87/2,193; 113/9,29; 113/9,36; 113/9,41.

Por tanto, «en el camino de Dios» se juzga legítimo agredir, matar y morir por la religión islámica. Al que muere matando se le llama «mártir». Porque Dios ama a los que matan por su causa (Corán 88/8,15-17; 95/47,3-4; 109/61,4; 113/9,5; 113/9,123).

El Corán enaltece como grandes predilectos de Dios a los que «emigraron», es decir, los que salieron de la propia tierra para incorporarse a los ejércitos de Mahoma, como yihadíes «en el camino de Dios»:

«Tu Señor, para con aquellos que han emigrado, después de haber sido probados, y luego han combatido y han aguantado, tu Señor será, después de eso, indulgente y misericordioso» (Corán 70/16,110).

«Los que han creído, y los que han emigrado y combatido en el camino de Dios, esos esperan la misericordia de Dios» (Corán 87/2,218).

«Los que han creído, emigrado, y combatido en el camino de Dios, así como quienes los han albergado y auxiliado, estos son los verdaderos creyentes» (Corán 88/8,74).

«Los que han emigrado en el camino de Dios, y luego han sido matados, o han muerto, Dios les adjudicará una buena recompensa» (Corán 103/22,58).

«Dios ama a los que combaten en su camino, en fila, como si fueran un edificio de plomo» (Corán 109/61,4).

«La retribución de quienes hacen la guerra contra Dios y su enviado, y se dan a corromper la tierra, es que sean muertos, o crucificados, o se les amputen las manos y los pies opuestos, o que sean expulsados del país» (Corán 112/5,33).

«Los que han creído, emigrado, y combatido en el camino de Dios con sus fortunas y sus personas tienen un grado más elevado ante Dios. Estos son los victoriosos» (Corán 113/9,20).

«Los primeros precursores entre los emigrados y los auxiliares, y los que los han seguido con buena voluntad, Dios los ha aceptado, y ellos lo han aceptado. Él ha preparado para ellos jardines bajo los que correrán arroyos, donde estarán eternamente» (Corán 113/9,100).

Por lo que respecta las mujeres, también se les encargan tareas en la yihad. Está documentado que muchas acompañaban a las tropas como servicio de intendencia. A ellas se alude a veces expresamente como las «emigradas» (Corán 89/3,195; 90/33,50; 91/60,10).

En fin, los combatientes cuentan con la promesa divina que garantiza la recompensa, ya sea el botín, ya, en cualquier eventualidad, las delicias eternas del paraíso (Corán 89/3,195; 92/4,74; 92/4,95; 109/61,11-12; 113/9,111).

«Pero el enviado y los que han creído con él han luchado con sus fortunas y sus personas. Estos tendrán los beneficios, y esos son los que triunfarán. Dios les ha preparado jardines bajo los cuales correrán arroyos, donde estarán eternamente. Ese es el gran éxito» (Corán 113/9,88-89).

Resultado de la comparación

El contraste no puede ser mayor entre la canonización de la violencia en el Corán y el rechazo frontal del uso de la violencia en los Evangelios, que exhortan a soportar con paciencia los ataques. Porque «llegará un tiempo en que quien os mate piense que ofrece culto a Dios» (Juan 16,2). Por el contrario, es incuestionable que el Corán autoriza a sus seguidores a realizar actos violentos como un medio acorde con la voluntad de Dios, una guerra santa para la implantación de la religión, la ley y el poder islámicos.

El análisis del concepto de yihad llega a la conclusión de que el recurso multiforme a la violencia está codificado en el Corán como la acción más meritoria a los ojos de Alá. Más aún, hay un insistente llamamiento a ejercerla mediante la estratagema, la coacción, el castigo, el homicidio y la guerra, todo ello como un mandato divino.

A partir de la hégira, la predicación coránica fue siempre, inseparablemente, un discurso religioso que movilizaba para la guerra, una fusión de sermón y arenga, dirigido a reclutar combatientes yihadíes bajo la autoridad del profeta y sus sucesores.

El Corán y la Ley islámica dan un sentido sagrado al odio y al empleo de la violencia en pro de la religión. Justifican el exterminio o la esclavización de los infieles, si una vez vencidos se resisten a convertirse. Para otros monoteístas, se impone la subordinación social bajo el humillante estatuto de *dimmíes*, con tributos onerosos y otras exacciones. En el fondo, ese proceder esencialmente islámico comporta el sometimiento servil del creyente a una pretendida revelación que lo anula y lo empuja a conductas execrables. Y da curso legal a la desconfianza en la razón humana, a la negación de la conciencia y la libertad personal.

Por el contrario, las fuentes cristianas primitivas muestran cómo el mensaje de salvación se abre a los gentiles, a todos los pueblos, pero concebido y llevado a cabo como una misión pacífica. Los Evangelios apelan a la conciencia y la libertad de cada persona, y su difusión busca cauces a través de la enseñanza persuasiva y la experiencia de un modo de vida que suscite el seguimiento de Jesús.

En el Nuevo testamento no hay lugar para ninguna imposición de la fe por la fuerza, ni se tienen por enemigos a quienes siguen su propio camino. Por el contrario, como hemos visto, Jesús enseña que es mejor devolver bien por mal, perdonar sin límite, dejar crecer el trigo y la cizaña; y manda que se envaine la espada. En fin, una ética de renuncia a la violencia, completamente antagónica de la coránica.

CAPÍTULO 7

CONCLUSIONES DE LA COMPARACIÓN

El movimiento mesiánico originalmente sarraceno que daría lugar a la formación de la religión islámica surgió, en el siglo VII, a partir de la conversión de algunas tribus árabes a la secta de los «nazarenos», una corriente judeocristiana desviante, que se remontaba hasta los primeros siglos del cristianismo. Sus creencias eran una amalgama de tradición judaica y heterodoxia cristiana. De esos orígenes provenían las reconocibles coincidencias argumentales del Corán con las anteriores escrituras judías y cristianas, si bien la interpretación coránica del significado de tales contenidos resulta, la mayoría de las veces, no solo distinta, sino manifiestamente antitética.

Ese parentesco genético entre el islamismo y el cristianismo, que sin duda explica las semejanzas y diferencias encontradas en entre sendas religiones, es también uno de los factores que nos ha facilitado plantear la comparación entre el Corán y el Nuevo testamento. El análisis comparativo, que intentamos acreditar metodológicamente, se centró primero en los respectivos *axiomas* fundamentales, ese núcleo duro de postulados sagrados últimos que instaura, soporta e identifica cada sistema. Después, fuimos abordando uno a uno el estudio de veintiún *temas* significativos, seleccionados y expuestos conforme a las dos interpretaciones contrastadas, inherentes respectivamente a los Evangelios y al Corán, agrupados en tres bloques, de sentido mítico, ritual y ético.

Una vez recorrido el camino del análisis, procederemos a presentar un conciso sumario de los hallazgos de la comparación, al tiempo que intentaremos decantar qué conclusión se desprende en lo que concierne a la compatibilidad entre ambos mensajes. No será de extrañar una conclusión negativa, a la vista no solo de los resultados obtenidos de la

175

comparación, sino al verificar históricamente que el islam estructuró todo su sistema de creencias y prácticas expresamente en confrontación con el cristianismo, a modo de artefacto ideológico concebido y acerado para su destrucción y sustitución.

7.1. Un sumario de las diferencias

Reconocemos la inmensa complejidad de la labor comparativa, siempre incompleta y perfectible, que fuerza a grandes simplificaciones, pero no impone renunciar al diagnóstico de los significados esenciales. A fin de cuentas, resulta que los mitos, rituales y prácticas específicos del Corán se alejan tanto de los característicos del Nuevo testamento, que nos vemos obligados a concluir que, incuestionablemente, se trata de dos sistemas doctrinales conceptualmente irreductibles, incompatibles y antagónicos. En este apartado, sintetizamos un repertorio de diferencias destacables que se infieren de la comparación de los temas analizados. Intentamos no solo mostrar los fuertes contrastes, sino proporcionar elementos de juicio que puedan servir como piedra de toque para que cada cual dilucide su valor.

– En el cristianismo, la revelación de Dios acontece por antonomasia en la persona de Jesús, quien anuncia la buena noticia del reino de Dios y comunica el don del Espíritu a sus discípulos. El Nuevo testamento no considera divino como tal ningún texto; los escritos canónicos son obra de autores humanos inspirados. En cambio, para el islam, lo que se revela es un libro, el Corán, cuya autoría atribuye al mismo Dios. Los islámicos afirman que contiene literalmente la palabra divina, eterna e inmutable, incluyendo una ley divinizada a la que han de someterse los creyentes.

– En los Evangelios, Dios creador es «Padre» para todos los humanos. La relación entre Dios y los hombres es paternofilial. Dios es fiel a la alianza con su pueblo y a su promesa de salvación para todos los pueblos. Dios es amor. Sin embargo, en el Corán, Dios es «Señor» de la creación y «Amo» de voluntad imprevisible, que exige que todos los hombres lo teman y obedezcan sus órdenes. La relación con Dios es una relación de servidumbre amo-esclavo. Dios es poder.

– Jesús enseña que la actitud más propia de Dios es su disposición a perdonar al pecador, como se ejemplifica en la parábola del hijo pródigo. En cambio, para el profeta del Corán, Dios, aunque indulgente, es inflexible con los pecadores y los infieles; incluso afirma que no hay que interceder por los que no creen, porque Dios no los perdonará jamás.

– En la Biblia, el patriarca Abrahán se inserta en la historia de las sucesivas alianzas de Dios con su pueblo, desde Noé hasta Jesús. Con los Evangelios, la pertenencia al pueblo de Dios se abre a toda la humanidad, no en virtud de la descendencia carnal, sino de la fe, simbolizada por Abrahán. Por su parte, el Corán reitera la saga de los mismos personajes bíblicos: Noé, Abrahán, Lot, Isaac, Ismael, Jacob, José, Moisés, Aarón, David, Salomón, Eliseo, Jonás, Job, Juan Bautista y Jesús. Pero evita hablar de la alianza, que comprometería a Dios. Finalmente, inventa una «religión de Abrahán» inexistente y privilegia la descendencia biológica del linaje de Ismael.

– Moisés es la figura más sobresaliente de la Biblia veterotestamentaria, a quien se tenía por autor de los primeros cinco libros. Fue el guía de la liberación de Egipto, recibió las tablas de la Ley. No obstante, Jesús, que vivió bajo la Ley mosaica, la relativizó, para resaltar su núcleo, el mandamiento del amor a Dios y al prójimo. En el Corán, Moisés es el personaje más veces mencionado. Es, además, el prototipo de Mahoma como mediador de la revelación y la Ley; y como caudillo militar que guía a la conquista de la tierra prometida. Pero, al final, el Corán rechaza la Biblia y sustituye a Moisés por el profeta árabe que trae un nuevo libro revelado y una Ley que trata de imponer.

– En los Evangelios, María es descendiente de la casa y linaje mesiánico de David. Es la madre de Jesús, que acepta el misterio de la encarnación del Salvador. Está presente e interviene en momentos decisivos de la vida y la misión de su hijo, y está con él junto a la cruz. Permanece con los apóstoles en el momento de la venida del Espíritu Santo. Sin embargo, aunque el Corán se refiere a María en episodios relacionados con el nacimiento de Jesús, inspirados en apócrifos, y aunque María es la única mujer de la que se da el nombre en todo el Corán, las menciones a ella se usan para recalcar que Jesús es «hijo de María», y rechazar que sea hijo de Dios. También se la separa de la genealogía davídica, seguramente para negar el linaje mesiánico a Jesús.

— Los Evangelios escenifican una infancia de Jesús en la que ya se anuncia su misión como hijo de Dios y Salvador. Nos transmiten la tradición de su actividad, su mensaje del Reino, las bienaventuranzas, las parábolas y el padrenuestro, sus milagros, su promesa del Espíritu. Por su lado, el Corán altera los relatos de la infancia dc Jesús, omite del todo sus enseñanza a los apóstoles, distorsiona el sentido de los milagros, y falsea la promesa del Espíritu paráclito.

— Los Evangelios, unánimemente, presentan a Jesús como hijo unigénito de Dios encarnado, como reformador de la Ley de Moisés, que actúa con autoridad propia, que cura y perdona los pecados. En cambio, el Corán desmiente al evangelio: repetidas veces designa a Jesús «hijo de María» como un modo de rechazar que sea «hijo de Dios». Lo presenta como un siervo de Dios y un profeta metamorfoseado en términos islámicos.

— En los Evangelios, ocupa un lugar central la pasión y crucifixión de Jesús, a la que se asigna un sentido salvífico, manifestado en la resurrección y prometido a quienes creen en él. Contrariamente, el Corán niega el hecho de la crucifixión y muerte de Jesús, soslaya el valor salvífico de su resurrección y falsea el anuncio de la venida del Espíritu Santo.

— Los Evangelios, como es evidente, no dicen ni pueden decir nada acerca de Mahoma. Más bien, Jesús previene, en varias ocasiones, frente a los falsos profetas que surgirán y lograrán engañar a muchos. En cuanto al Corán, vemos que aquel al que llama enviado y más tarde profeta se caracteriza por ser caudillo militar, por la dureza de su religión política, por el reclamo de obediencia a él tanto como a Dios. Sin embargo, al menos una decena de versículos coránicos dejan claro que Jesús fue muy superior a Mahoma en sus títulos y acciones, aunque esto se disimuló después mediante reescritura del texto e inserciones.

— En los Evangelios, Jesús anima a realizar la oración, la limosna y el ayuno en privado y sin ser vistos y, claro está, no establece ninguna peregrinación obligatoria. Por el contrario, en el Corán, el rezo, el tributo, el ayuno y la peregrinación son actuaciones rituales prescritas obligatoriamente y con carácter público.

— En los Evangelios, Jesús dispensa a sus discípulos de la obligación de ayunar y les aconseja que, si ayunan, lo hagan en privado. Por el contrario, el Corán prescribe como preceptivo y reglamenta la forma de hacer el ayuno en el mes de ramadán.

— En los Evangelios, Jesús enseña que los auténticos creyentes adoran a Dios en espíritu y verdad, no en el monte Garizín, ni en Jerusalén, lo que significa que no hay un templo más santo que otro. Por su parte, el Corán preceptúa que hay que rezar volviendo la cara hacia el santuario sagrado, sin aclarar cuál es, si bien la tradición musulmana lo identifica con la caaba de La Meca.

— En los Evangelios, Jesús defendió a sus discípulos cuando no observaron las purificaciones rituales. Más tarde, como se ve en Hechos y en las cartas de Pablo, sus apóstoles suprimieron la necesidad de circuncisión. En las antípodas, el Corán establece una extensa normativa de pureza e impureza. Regula ritos y abluciones para purificarse. Con el mismo motivo, impone la circuncisión, o sea, una mutilación genital tanto masculina como femenina.

— En el Nuevo testamento, Jesús y los apóstoles declaran puros todos los alimentos. En dirección opuesta, el Corán decreta numerosas prohibiciones alimentarias y reglamentos acerca de la comida *halal*.

— En los Evangelios Jesús no solo aprecia el vino, sino que lo bendijo como parte de la celebración eucarística en su comunidad. Sin embargo, el Corán, que primero toleró el vino en una aleya, finalmente prohibió el vino por considerarlo obra del demonio.

— El Nuevo testamento no carga a las mujeres con ninguna servidumbre indumentaria, como ir vestidas de cierta forma o cubiertas con un velo en público. En cambio, el Corán da pie para imponer a las mujeres determinada vestimenta y la obligación de llevar el velo islámico fuera de casa, en señal de subordinación y segregación social.

— En el Nuevo testamento, desaparecieron totalmente los sacrificios de animales, así como la creencia de que sirvan para expiar pecados, o que sean agradables a Dios. Todo lo contrario, el Corán manda ofrendar sacrificios cruentos en determinadas ocasiones. Más aún, en los llamamientos a la yihad, presenta la matanza de infieles como si fuera un sacrificio ritual exigido por Dios.

— Los Evangelios reconocen la legitimidad y la autonomía propia de las autoridades del Estado, que deben estar ordenadas al bien común. Por su parte, el Corán consagra un modelo de organización social que es a la vez política y religiosa, de modo que el gobierno está obligado a basarse en la *saría*, es decir, la Ley de Dios y su enviado, con lo que promueve un régimen teocrático.

– Los Evangelios insisten más en principios éticos que en normas particulares. Jesús rehusó intervenir como juez en el reparto de una herencia. Por el contrario, el Corán dictamina normas sociales de todo tipo, en la herencia, el matrimonio, el reparto del botín, etc.; además, resulta que todas son discriminatorias para la mujer.

– En el sermón del monte, Jesús expone una crítica a la ley del talión, la rechaza y propone alternativas tendentes a devolver bien por mal. En oposición, el Corán conserva en el derecho islámico el principio del talión, ojo por ojo y diente por diente, que, aunque pretenda evitar el exceso, autoriza la venganza.

– En los Evangelios, por lo que respecta al matrimonio, Jesús se muestra partidario de la monogamia y la indisolubilidad. Mientras que el Corán, en nombre de Dios, legaliza la poligamia para los varones, que pueden estar casados hasta con cuatro esposas.

– En los Evangelios, Jesús argumenta en favor de la igualdad de derechos del varón y la mujer en el matrimonio y el divorcio. Al contrario, el Corán da por sentada la inferioridad de la mujer y la supremacía masculina, también en el matrimonio. El marido tiene derecho a pegarle a su mujer y a repudiarla.

– En el Evangelio según Juan, Jesús no condena a la mujer adúltera, sino que la libra de la pena de lapidación y le concede su perdón. En contradicción, el Corán regula la acusación de adulterio y manda flagelar a los adúlteros con cien latigazos. Algunas tradiciones atribuidas a Mahoma dictaminan la lapidación.

– En el Nuevo testamento, la presencia, importancia y actividad de las mujeres aparece en primer plano, con frecuencia, y se conoce el nombre de decenas de ellas. Pero, en las normas del Corán, las mujeres están discriminadas como inferiores al varón en los planos teológico, biológico, social, jurídico, político. Hasta en el paraíso, la mujer está en función del hombre.

– Según los Evangelios, Dios hace salir el sol y llover sobre justos e injustos. Con relación a los que no creen y a los que obran mal, Jesús exhorta a ser tolerantes, como en la parábola del trigo y la cizaña. Por el contrario, según el Corán, Dios y Mahoma se muestran inflexibles con los malos musulmanes, con los infieles, con los judíos y los cristianos: manda combatir contra ellos y anuncia castigos terribles en esta vida y en la otra.

— En los Evangelios, Jesús anuncia el reino de Dios por medio de su palabra, sus curaciones y su entrega. Y manda a sus apóstoles hacer lo mismo, predicando a todas las gentes. En total oposición, la doctrina del Corán convoca a la yihad, un llamamiento que incluye expandir la religión empleando todo tipo de violencia contra los no creyentes.

— En los Evangelios, Jesús manda estar dispuestos a perdonar, e incluso amar a los enemigos. El propio Jesús imploró el perdón para quienes lo crucificaban. Muy al contrario, en el Corán, Dios ordena amedrentar a los enemigos y combatir contra ellos por todos los medios. Y si no se someten al islam, asediarlos, matarlos sin piedad, y reducir a las mujeres y los niños a esclavitud.

Toda esta panoplia de contrastes en los textos sagrados mantiene su plena vigencia hasta nuestros días. Es cierto que tanto las doctrinas de Jesús y como las de Mahoma se remontaban a fuentes lejanas, en las antiguas historias del mesianismo judío. Pero la tradición mesiánica evolucionó y se bifurcó con el paso del tiempo. En especial, con la aparición del islamismo, la oposición se vuelve radical, como hemos constatado en las numerosas diferencias teológicas, sociopolíticas y de toda índole analizadas.

La paz de cristo y la paz de Mahoma ponen de relieve una diferencia radical en el núcleo estructural de un sistema y otro. Los Evangelios buscan la paz como obra de la justicia, proclaman el reino de Dios por la vía de un *mesianismo desmilitarizado*, y aportan fundamentos para concebir y aceptar la autonomía respectiva de la religión y la política. El Corán, por el contrario, concibe la paz como resultado de la dominación, hace un persistente llamamiento a imponer el reino de Dios por la fuerza, articulando una *militarización del mesianismo*, que funde y confunde la política y la religión. Queda patente el hecho de que, desde sus orígenes, el sistema islámico se configuró como un mesianismo belicoso, que adoctrina para conquistar las naciones con la espada, someter a la fe mediante la violencia armada. Además, el reino escatológico prometido a los inicios se reorientó al logro de una recompensa muy tangible: la captura del botín en este mundo y los placeres del paraíso en el otro. Algo totalmente desemejante de la búsqueda de la justicia, el amor fraterno, la salvación eterna y la visión beatifica.

Ahí hemos desvelado la diferencia más sustancial y crítica entre el Corán y los Evangelios, que tiene que ver con el modo de propagar la fe: el primero justifica odiar, atacar y someter militarmente (Corán 88/8,60), mientras que los segundos llaman a amar, enseñar y hacer discípulos pacíficamente (Mateo 28,19-20). Por lo demás, este dilema conlleva repercusiones en todos los órdenes de la vida y en la concepción del hombre y de la realidad: está en juego la autonomía de la razón y el reconocimiento de la racionalidad del mundo; está en juego la libertad y las libertades políticas; está en juego la bondad y la benevolencia hacia toda la humanidad.

7.2. LA INCOMPATIBILIDAD ENTRE LOS DOS MENSAJES

Por muy cierto que sea que el Corán se originó a partir de fuentes anteriores judías y cristianas, su texto adopta una posición heterodoxa y polémica frente a esas fuentes. El antagonismo es tal que debemos desmentir apodícticamente todo intento irenista de afirmar que hay una unidad de fe en el mismo Dios. Es más adecuado hablar de teomaquia, de lucha frontal entre una teología y otra.

La ruptura de continuidad entre el mensaje bíblico y el coránico es completa. El Corán, en su versión definitiva, terminó convertido en un manual de guerra contra el cristianismo. Esta lucha constituye a todas luces su propósito, desde el principio, y nunca ha desistido de él.

Desde el siglo VII, el islamismo no se expandió pacíficamente, sino la conquista y la destrucción de la cristiandad en Oriente Medio, el norte de África y la Península Ibérica. Después de catorce siglos, prosigue en el mismo empeño, como lo demuestra la existencia de numerosas organizaciones islámicas que hoy sustentan y financian los planes estratégicos para la islamización y consiguiente destrucción de Europa.

El «diálogo islamo-cristiano», tal como se realiza, no es más que un espejismo ilusorio e ingenuo por parte cristiana y un disimulo coránico por parte musulmana. Una actitud acomplejada y buenista lleva a muchos eclesiásticos a engañarse sobre lo que verdaderamente dice el Corán y a ocultar la propia verdad cristiana. Mal camino.

No siempre fue así. En relación con los islámicos, que conocía bien, Juan Damasceno (hacia 740) planteaba el debate en sus controversias entre un cristiano y un sarraceno, donde denunciaba y refutaba las creencias mahometanas, lejos del falso «diálogo» que busca homologar las doctrinas del otro superficialmente:

https://religion.antropo.es/estudios/JuanDamasceno.Controversias-entre-sarraceno-y-cristiano.html

Tiempo después, durante la quinta cruzada, Francisco de Asís, con un compañero fraile, desembarcó en Egipto, en 1219, decidido a hablar con el sultán Al-Malik Al-Kamil. Pero Francisco no iba a «dialogar», sino a evangelizar al sultán. Lo que hizo fue comunicarle una grave advertencia: que, si no abandonaba la ley de Mahoma y reconocía a Cristo, no podría alcanzar la salvación:

https://www.aciprensa.com/recursos/misionero-ante-el-sultan-3379

Al siglo siguiente, cuando el sultán turco otomano Bayaceto I guerreaba contra Bizancio, cayó prisionero Manuel II Paleólogo, más tarde emperador bizantino. Estando como rehén en Ankara, en 1391, tuvo unas controversias con sabios musulmanes, en las que analizaba la diferencia entre la ley cristiana y la musulmana. En particular, criticó que difundieran la fe por medio de la violencia armada, algo opuesto a la razón y que no puede proceder de Dios:

http://www.quenotelacuenten.org/apologetica/website/index6930.html?id=4959

En 2006, el papa Benedicto XVI pronunció un discurso en la Universidad de Ratisbona, en el que citó una de las controversias de Manuel II Paleólogo, el párrafo donde cuestiona el uso de la violencia en el islam: «Muéstrame qué ha instituido Mahoma que sea nuevo: no encontrarás nada que no sea malvado e inhumano, como su decreto de difundir por medio de la espada la fe que él predicaba». Siendo así que «no actuar razonablemente es algo ajeno a Dios»:

https://religion.antropo.es/estudios/documentos/2006.Discurso-del-papa-en-Ratisbona.pdf

Sin embargo, encontramos una orientación completamente distinta en el *Documento sobre la fraternidad humana por la paz mundial y la convivencia*

común, suscrito en Abu Dabi, en 2019, por el papa Francisco y el gran imán de Al-Azhar, Ahmed Al-Tayeb. Este texto envuelve en un disimulo retórico al mensaje del Corán, en un afán por hacer pasar al islam por lo que no es. Quizá desconozcamos el motivo, pero, cualquiera que sea, desde luego no es el amor por la verdad:
https://religion.antropo.es/estudios/documentos/Papa-GranIman.Documento-sobre-fraternidad.html

Ese documento osa decir: «declaramos –firmemente– que las religiones no incitan nunca a la guerra y no instan a sentimientos de odio, hostilidad, extremismo, ni invitan a la violencia o al derramamiento de sangre. Estas desgracias son fruto de la desviación de las enseñanzas religiosas, del uso político de las religiones y también de las interpretaciones de grupos religiosos que han abusado». Pues bien, tal afirmación es *literalmente falsa*, al menos en lo que concierne al islam. Porque el Corán manda «matar» en decenas de ocasiones. Ya desde la primera sura y en muchas otras, incita al odio contra los judíos, contra los cristianos y hacia todos los no creyentes sin excepción. Durante siglos, la exégesis musulmana ha explicado que la yihad significa acción armada para la conquista del mundo en nombre de Dios. Y así lo han practicado los muslimes. Si acaso el gran imán de Al-Azhar está en desacuerdo con el Corán y con la tradición islámica, que lo diga abiertamente. No es el caso.

Según los comentaristas clásicos, los llamados versículos de la espada han derogado todos los versículos más benignos revelados con anterioridad: «Una vez que transcurran los meses prohibidos, matad a los asociadores allá donde los encontréis, capturadlos, asediadlos, tendedles emboscadas por todas partes. Solo si se arrepienten, cumplen el rezo y pagan el tributo los dejaréis en paz» (Corán 113/9,5). Hay algunos autores modernos que quieren impugnan esta doctrina coránica consolidada, pero son pocos y marginales.

El documento tampoco resulta convincente cuando dice: «El pluralismo y la diversidad de religión, color, sexo, raza y lengua son expresión de una sabia voluntad divina, con la que Dios creó a los seres humanos». Esta postura, tan posmoderna, que presupone homologar todos los sistemas religiosos como «expresión de una sabia voluntad divina», solo sirve para cohonestar al islam. Además, este punto de vista está en contra de la doctrina defendida por las iglesias cristianas durante siglos.

Lo cierto es que el mensaje del Corán se planteó y consolidó en contradicción con el mensaje de los Evangelios. Uno y otros divergen completamente en el plano del significado y, con toda coherencia, han estado enfrentados teológica y políticamente a lo largo de los catorce siglos transcurridos.

Los cristianos de buena voluntad que se sienten atraídos por el «diálogo islamo-cristiano» deberían conocer más a fondo los textos fundamentales de sus interlocutores del otro bando. De lo contrario, se dejarán engañar por falsedades y medias verdades, y no formularán más que concordismos superficiales y estupefacientes.

No se debe a la casualidad el atraso que observamos en los mundos del islam. La idea de Dios en el Corán, concebido como omnímoda voluntad, como alguien que hace lo que él quiere a cada instante sin restricción (Corán 87/2,54; 89/3,42-47), determinó en el islam la imposibilidad de desarrollo de la ciencia moderna. Aunque considere a Dios como creador, la teología coránica no puede admitir que haya leyes en la naturaleza, porque cree que estas leyes impondrían límites a la omnipotencia divina. Por el mismo motivo el califato, desde mediados del siglo IX, reprimió la filosofía, que entonces incluía los saberes científicos. El rechazo completo de la razón triunfó definitivamente, a partir del siglo XI, con Al-Ghazali, quien afirmaba que Dios es la única causa de todo cuanto ocurre en el mundo. Este mismo dogma trasladado a la ética niega cualquier margen a la conciencia y la autonomía humana, cuyo ejercicio supondría enfrentarse a lo que Dios manda. Aplicado a la política, introduce el principio de que solo Dios tiene derechos y, por consiguiente, ninguna asamblea humana posee autoridad para emitir leyes, sino tan solo para hacer cumplir la Ley islámica. Por lo mismo, los países islámicos no han suscrito la declaración universal de los derechos humanos.

Alexis de Tocqueville, frente a la idea de algunos que dicen que el Corán fue un progreso sobre el Evangelio, afirmaba en carta a su primo Louis de Kergorlay: «En mi opinión, no hay ninguna comparación que hacer, y encuentro que su sola lectura indica admirablemente los diferentes destinos de los musulmanes y los cristianos».

ALEXIS DE TOCQUEVILLE
Notes sur le Coran et autres textes sur les religions, 1838.

CAPÍTULO 8

CLAVES DE INTERPRETACIÓN DEL ISLAMISMO

Los eruditos musulmanes distinguieron en el Corán capítulos anteriores y posteriores a la hégira: los 76 capítulos pertenecientes al período de La Meca (610-622) y los 28 pertenecientes al período de Medina (622-632). Aunque todas las propuestas de orden cronológico son hipótesis que están por demostrar, permiten entrever que hubo una evolución en el mensaje y en la práctica, una evolución completamente oscurecida en el orden aleatorio normal que mezcla los capítulos.

Antonio Elorza, uno de los mejores conocedores del islamismo en España, expuso ese cambio en el contenido del Corán en su libro *Los dos mensajes del islam* (2008). La evolución afecta al sistema religioso islámico en numerosos aspectos, algunos fundamentales. El Dios de paz y tolerancia se muda en Dios beligerante contra los infieles. El comportamiento de los seguidores del profeta gira hacia la guerra, en busca de la victoria y el reparto del botín. El premio y el castigo se anticipan a esta vida. El enviado que amonestaba mediante la predicación se transforma en el profeta armado lanzado a la conquista. Se advierten numerosos cambios en esa misma dirección:

– Mahoma, monógamo con Jadiya, se hizo polígamo en los años de Medina.

– El guía de caravanas se convirtió en predicador escatológico.

– La llamada a la paciencia se transmutó en llamamiento al combate (yihad).

– La paz y la misericordia de Dios se restringió solo a los musulmanes (Corán 7,156).

– La tolerancia religiosa inicial fue sustituida por la persecución declarada a toda otra religión.

– Mahoma y su clan se hicieron inmensamente ricos y poderosos.

Al final, el surgimiento y el desarrollo de la religión islámica a partir de Mahoma se singularizó por pasar de la predicación escatológica y milenarista, en una primera época, a proclamar la expansión de la fe por medio de la espada, como atestigua fehacientemente el Corán. Los problemas que se plantearon en ese proceso de formación condujeron, por un lado, a elaborar la doctrina de la abrogación para superar los conflictos que aparecían dentro del texto coránico. Al mismo tiempo, se reescribió la historia sagrada hasta culminar en una teología de la sustitución favorable a los árabes como nuevo pueblo elegido. En último término, el islam como religión política acabó reformulando el mesianismo en forma de un proyecto de dominación imperialista. Con este fin, se clausuró en un sistema hermético y elevado a categoría divina, hasta el punto de anatematizar toda libertad para discrepar de él.

8.1. LA DOCTRINA DE LA ABROGACIÓN

Los comentaristas del Corán cayeron en la cuenta pronto de que, en las suras, había apreciaciones y prescripciones que entraban en conflicto unas con otras. Para resolver esas discordancias y contrasentidos idearon la *doctrina de la abrogación*, que podía tener cierta base en el propio Corán. Más allá de la creencia dogmática en la inmutabilidad del texto revelado, se puede demostrar fácilmente que en el libro se produjeron modificaciones desde la época de Mahoma, en la fase del protoislam y hasta la canonización definitiva del sistema. Estos cambios dejaron su huella en los estratos redaccionales del texto.

Es conocido el cambio de parecer con respecto al vino: primero se dice que es «un buen sustento» (Corán 70/16,67), luego que «hay pecado y provecho» (Corán 87/2,219) y, por último, que se prohíbe por ser «abominación y obra del demonio» (Corán 112/5,90).

Otro ejemplo es la orientación de la alquibla en el rezo: un versículo afirma que «de Dios es el oriente y el occidente. Dondequiera que os volváis, allí está el rostro de Dios» (Corán 87/2,115), pero, por lo que parece, al principio se rezaba mirando hacia Jerusalén, y más tarde otro versículo manda volver la cara en dirección al santuario prohibido (Corán 87/2,144 y 149-150), que los comentaristas musulmanes identifican con la caaba de La Meca.

Otra evolución de mayores consecuencias tiene que ver con la legitimación de la guerra. En un primer momento, se recomienda ser tolerantes: «Ten paciencia con lo que dicen y apártate de ellos discretamente» (Corán 3/73,10). Más tarde, se justifica en caso de ser atacados: «Si combaten contra vosotros, entonces matadlos» (Corán 87/2,191). Y finalmente, se manda tomar la iniciativa bélica: «Matad a los asociadores allá donde los encontréis, capturadlos, asediadlos, tendedles emboscadas por todas partes» (Corán 113/9,5).

Así pues, en el corpus coránico, se advierten múltiples discrepancias entre unos versículos y otros. Esto ocasionó históricamente numerosas dudas sobre lo que realmente manda el Corán. La doctrina de la abrogación se elaboró, entonces, con la finalidad de determinar la validez de un precepto, cuando entra en conflicto con otro. Este asunto se arbitra en términos jurídicos.

La noción de *abrogación* se entiende como la anulación total o parcial de la aplicación de una prescripción coránica, a la vista de una prescripción posterior que dictamina algo diferente. Pero esta cuestión siempre fue polémica. Y no hay unanimidad acerca de cuáles son los versículos abrogados, que, según autores, podrían ascender a unos 300, diseminados por 71 capítulos.

Aunque el tema es complejo, el criterio general establece que el versículo revelado con posterioridad modifica o anula a los anteriores. Los preceptos más recientes prevalecen, son *abrogantes*, mientras que los más antiguos quedan *abrogados*. En algunos casos, la abrogación conlleva importantes consecuencias. Así, uno solo de los llamados «versículos de la espada», que manda combatir contra los no musulmanes (Corán 113/9,5), habría abrogado entre 120 y 140 versículos tolerantes. Por consiguiente, solo los mandatos que llaman a la yihad armada habrían quedado legalmente en vigor.

Para fundamentar la doctrina de la abrogación, los eruditos musulmanes suelen citar aleyas coránicas que aluden a la omnipotencia divina: «Cuando sustituimos una aleya por otra, y Dios es quien mejor sabe lo que hace descender, dicen: 'No eres más que un fabulador'. Pero la mayoría de ellos no saben» (Corán 70/16,101).

«Por toda aleya que abrogamos o hacemos olvidar, aportamos una mejor que ella, o semejante a ella. ¿No sabes que Dios es todopoderoso?» (Corán 87/2,106).

«Dios borra o confirma lo que él quiere. La madre del libro está junto a él» (Corán 96/13,39).

Otros exegetas mencionan otros versículos que suelen usar en apoyo de la abrogación, aunque su sentido no está tan claro:

«Te haremos leer y no olvidarás, salvo lo que Dios quiera. Él sabe lo que se manifiesta y lo que se oculta» (Corán 8/87,6-7).

«Si quisiéramos, haríamos desaparecer lo que te hemos revelado. Y no encontrarías ningún protector contra nosotros» (Corán 50/17,86).

«Hoy os he completado para vosotros vuestra religión, he cumplido mi gracia hacia vosotros y he aceptado el islam como religión para vosotros» (Corán 112/5,3).

También hay musulmanes, sin duda poco informados, que niegan la existencia de esta doctrina de la abrogación. Pero es obvio que la fijación histórica de la Ley islámica supuso necesariamente una aplicación de la abrogación, mediante la que se fue decidiendo cuáles eran los preceptos vigentes y cuáles no.

Este es uno de los motivos por los que es tan importante averiguar el orden cronológico de la revelación de los capítulos, para saber cuál es el más reciente y prevalente. Se supone, en general, que los preceptos abrogantes son los que se hallan codificados en el derecho islámico, que evidentemente ha realizado una elección. Resulta un tanto curioso que la Ley islámica, producto de no pocas interpretaciones y abrogaciones, se considere luego como un sistema inalterable e imprescriptible, es decir, no abrogable. De ahí se deriva el enigmático contrasentido de que la Ley islámica se considere más inmutable que el propio Corán.

8.2. LA TEOLOGÍA DE LA SUSTITUCIÓN

Dentro de su propia lógica, el Corán desarrolla una teología de la dominación, sustentada sobre unos cimientos que combinan la representación mítica con el simbolismo ritual y la organización práctica del proyecto islámico, envuelto en una mística de combate por la implantación del reino escatológico. Pero las desventuras sobrevenidas activaron el mecanismo de cargar los propios males y conflictos sobre otros. Por esta vía, la comunidad sarracena, luego musulmana, convirtió a los «infieles» en víctimas, en chivos expiatorios, y desencadenó una fuerza formidable para someterlos o destruirlos. Así, la yihad constituye, como vimos, el sacrificio de agresión por antonomasia, que el Dios coránico manda reiterar hasta que toda otra religión y civilización sea derrotada y sustituida por el islam.

En el marco de esta visión polticorreligiosa del mundo, elaboraron una *teología de sustitución*, que el Corán va desplegando en sus relatos adaptados sobre Abrahán, Moisés, María y Jesús. El enfrentamiento en los planos mitológico, ritual y militar con los otros tiene como fin no solo subyugarlos, no solo apoderarse de sus bienes materiales, sino apropiarse de su herencia espiritual. Mahoma y sus primeros adeptos buscaban conquistar la ciudad santa de Jerusalén, reconstruir su templo, beneficiarse de la venida del Mesías transmutado en profeta muslim. Más tarde, durante siglos, acosaron a Constantinopla, hasta tomarla. Y nunca han renunciado a hacerse con Europa.

Mientras que las primeras iglesias cristianas se concebían a sí mismas en continuidad con el pueblo de Dios bíblico, lo que descubrimos en el Corán, con toda claridad, es la puesta en funcionamiento de un mecanismo de ruptura y sustitución. Lo que se pretende es la eliminación sistemática de las demás religiones, para que solo triunfe la religión de Alá (Corán 88/8,39). Se trata de reemplazarlas por la mítica «religión de Abrahán», bajo cuya etiqueta se instaura un nuevo culto, un nuevo templo, una nueva ciudad santa, un nuevo libro sagrado, una nueva lengua sagrada, un nuevo pueblo elegido, un nuevo profeta. El sistema islámico va desplazando a los demás y ocupando su lugar. Así, se van sucediendo múltiples sustituciones ya reseñadas en el Corán:

– La sustitución de la genealogía de Abrahán, Isaac y Jacob por el linaje procedente de Ismael, llevado al sacrificio en lugar de Isaac (Corán 56/37,101-107).

– La sustitución de Jerusalén por La Meca, como nueva ciudad santa y nueva orientación de la alquibla en el culto (Corán 87/2,144,149 y 150), en el empeño por fingir una religión vinculada a Abrahán, un islam desvinculado de sus verdaderos orígenes judíos y cristianos.

– La sustitución del templo de Jerusalén y su sanctasantórum por el santuario y la caaba de La Meca (¿Corán 89/3,96?), ciudad que, en realidad, no se nombra en el Corán, como si allí estuviera la casa o lugar de Abrahán (Corán 87/2,127; 89/3,96-97).

– La sustitución del pueblo elegido, que eran los «hijos de Israel», acusados de infidelidad, por los «hijos de Ismael», es decir, por la *umma* árabe como nuevo pueblo elegido, los verdaderos creyentes, la mejor nación (Corán 87/2,143; 89/3,110; 113/9,39).

– La sustitución del libro sagrado, que pasa a ser el Corán, donde aparecen arteramente adaptados al islam relatos de la Biblia hebrea y de los Evangelios canónicos y extracanónicos (Corán 45/20,2; 45/20,113; 53/12,2; 98/76,23; 112/5,15-16; 113/9,111). Los profetas bíblicos son presentados como si fueran musulmanes, y no transmiten más que el mensaje de Mahoma (Corán 112/5,15-16). Al final de esta deriva, se rechazan las escrituras judías y cristianas acusándolas, en falso, de haber sido manipuladas.

– La sustitución de la lengua sagrada, que era el hebreo, el arameo y el griego, por la lengua árabe, pretendidamente clara, perfecta y divina (Corán 53/12,2; 61/41,3; 62/42,7; 63/43,3; 70/16,103).

– La sustitución de la Ley de Moisés, la Torá judía, por una adaptación en árabe, que el derecho islámico codificará, junto con otros elementos, como nueva Ley de Dios (Corán 65/45,18).

– La sustitución de Moisés, en la sura 17, por Mahoma como nuevo profeta, que, en última instancia, acaba reemplazando a todos los demás (Corán 90/33,40).

– La sustitución del Jesús «hijo de Dios» por un «hijo de María» travestido como profeta islámico (Corán 63/43,59; 112/5,17), al que despoja de su mensaje evangélico, a la vez que niega su sacrificio redentor (Corán 92/4,157). Al parecer, el nombre de Jesús fue suplantado muchas veces en el texto coránico, de manera semejante a como fue cambiado por el de Mahoma, más tarde, en las inscripciones del Domo de la Roca.

– La sustitución de una idea de revelación, entendida como inspiración del profeta o el autor de un texto sagrado, por el dogma islámico de un dictado literal de Dios (85/29,47; 87/2,91 y 231; 89/3,7; 92/4,113; 96/3,36; 112/5,49 y 101 y 104).

– La sustitución de todos los profetas anteriores por la profecía de Mahoma «el sello de los profetas» (Corán 90/33,40), aunque, en realidad, su nombre no consta en el Corán.

– La sustitución, en la vivencia y en la práctica, de la fe personal en Dios por la obediencia a su enviado Mahoma y a los dictados recogidos en el Corán (Corán 92/4,80).

Esta teología de la sustitución impulsa y replica el mismo mecanismo en todos los terrenos: se sustituirá el emperador por el califa, la basílica por la mezquita, el calendario solar por el lunar, la cruz por la media luna...

El Corán induce a los musulmanes a creer que ellos son los únicos herederos legítimos del legado judío y cristiano. Como tales, imaginan que han recibido la última revelación, que son el nuevo pueblo de Dios, la mejor comunidad de creyentes, convocados como auxiliares de Dios a combatir «en el camino de Dios», para imponer su Ley al mundo entero, que, para ello, ha de ser sometido a su religión.

En una visión menos idealizada, la realidad de los hechos es que lo que se lleva a cabo sobre el terreno es la agresión contra los otros, convertidos en víctimas. Una vez derrotados, la expropiación no afecta solo a sus tierras, sus riquezas materiales y sus personas, sino que culmina en un saqueo cultural metódico. De tal manera que se consuma una especie de canibalismo cultural, a la vez religioso, al fagocitar la tradición bíblica, y político, al someter a todos bajo las instituciones del poder islámico (Corán 113/9,29). Durante el proceso, se perpetra también una sustitución demográfica, por arabización e islamización de los países conquistados, o bien por medio de migraciones que alteran la cohesión de las naciones que aspiran a someter un día.

La cosmovisión coránica concibe la vida desde la necesidad estructural de buscar chivos expiatorios. Esto impide al islamismo y sus adeptos integrarse en igualdad con las demás sociedades, puesto que las tienen categorizadas teológica y mentalmente como objetivos de la yihad. No importa que lo pretendan por la fuerza, o por una sumisión voluntaria al orden islámico. En ambos casos el resultado es el mismo: la inmolación de los no musulmanes como víctimas propiciatorias, exigidas por su Dios en el Corán. Esta intolerante violencia de la yihad, disfrazada con un aura de sacralidad, encubre la gran mentira sobre la justificación de los sacrificios y la sangre como algo grato a Dios. Tal barbarie, por sí sola, debería bastar para impugnar la pretendida santidad del libro.

8.3. EL ISLAM COMO PROYECTO POLÍTICO IMPERIALISTA

Ya hemos visto cómo, en contraste con el cristianismo y con otras grandes religiones, el sistema islámico no constituye únicamente una religión, sino también un orden político sacralizado. No debemos olvidarlo en ningún momento.

En estos tiempos oscuros, la ignorancia reforzada por las instituciones educativas y por los medios de manejo de la opinión hace que se difunda una falaz idealización del islam. Hay, incluso, una política de desinformación masiva, sin duda culpable. Por eso, a contracorriente, tenemos necesidad de desvelar y difundir cuál es verdaderamente el mensaje del Corán, la esencia del islamismo, conforme nos lo da a conocer una pléyade ingente de los mejores investigadores.

El sistema islámico, islam o islamismo constituye una *religión*, pero no es solo eso. Sería erróneo proyectar sobre él el concepto europeo de religión. Porque la religión atribuida a Mahoma es, simultánea e indisociablemente, una *ideología política*, de signo teocrático. Pero no solo eso, el islam se concibe a sí mismo como un *orden social sacralizado*, una *ley* que hay que cumplir: una reglamentación supuestamente revelada que controla la vida entera, pública y privada. Por último, como religión política universalista, el islam comporta intrínsecamente un *proyecto imperialista mundial*, que convoca a la lucha por la expansión hegemónica global.

A. El islam es una *religión*. Sus textos fundacionales presentan la imagen de un Dios que (a diferencia del Dios Padre de los cristianos) actúa arbitrariamente como un sátrapa oriental, despótico con sus criaturas, que priva a los humanos de toda autonomía y les exige que renieguen de la razón y la libertad con que fueron creados. Según el Corán, Dios es clemente y misericordioso tan solo con quienes obedecen ciegamente a su enviado.

B. El islam es a la vez una *ideología política* de tipo totalitario. Rechaza como contrarios a Dios los derechos humanos y la democracia. En el islam no se distingue entre sociedad y Estado, entre política y religión. La distinción básica es entre los creyentes y los infieles, o no musulmanes, que despoja a estos últimos de toda igualdad de derechos. El poder político somete la sociedad a un sistema *halal/haram*, con prohibiciones y prescripciones en todos los ámbitos de la vida, sin dejar nada a la decisión personal.

C. El islam es a la vez un *orden social sacralizado* y teocrático. La dominación se ejerce mediante la imposición de una Ley de derecho divino: un sistema legal medieval, que pretende ser inmutable, que consagra la desigualdad jurídica entre musulmanes y no musulmanes, la inferioridad de las mujeres, la *dimmitud* y la esclavitud. Condena como apostasía la libertad de religión y de conciencia. Todo apoyado en un régimen de castigos brutales: flagelación, amputaciones, degüello, crucifixión, lapidación, destierro, etc.

D. El islam es a la vez un *proyecto imperialista mundial*. La comunidad islámica tiene la misión religiosa y política de conquistar todos los países de la Tierra. Se arroga el derecho de hostigar y destruir todos los demás sistemas culturales y religiosos, a fin de que prevalezca en todas las naciones la religión islámica, y sean sometidas a un califato mundial.

Que nadie se llame a engaño. Este es el núcleo de la doctrina islámica, la que profesan todas las escuelas, tanto suníes como chiíes. Está fundamentado en el Corán, en la vida del profeta y en los hadices de Mahoma. Está decretado en los códigos medievales de jurisprudencia que articulan la Ley islámica. La yihad no es sino el conjunto de acciones subversivas de todo tipo, encaminadas a hacer avanzar este proyecto islámico de dominación.

Esta presentación en síntesis, no esencializa en absoluto el islam, sino que resume lo que dicen sus textos canónicos y demuestra su historia. Nadie podrá negar que tales son los axiomas y los temas fundamentales e inmutables revelados en el sagrado Corán, los mismos que han estructurado los poderes musulmanes a lo largo de los siglos. No será posible negar la realidad, por mucho que se camufle, por mucho que se empeñe toda esa gente que reniega del pensamiento crítico y miente arteramente sobre la historia.

8.4. La falta de libertad para salir del islam

El sistema islámico cimentado en el Corán encierra a sus creyentes en una comunidad de la que no hay opción de salida, pues en su ortodoxia esto significa apostasía y uno se arriesga a la pena de muerte. Por ende, el mundo del islam semeja un gran presidio gobernado por la Ley (*saría*), que no admite la menor libertad religiosa. Así lo advierte ya el Corán, en tono amenazante, tanto antes como después de la hégira:

«Quien ha descreído en Dios después de haber creído, a no ser que haya sido coaccionado, mientras su corazón se reafirma en la fe... Ese que abre su pecho a la descreencia, la ira de Dios caerá sobre ellos. Y tendrán un gran castigo» (Corán 70/16,106).

«Ninguna coacción en la religión. La buena dirección se distingue del extravío. El que no cree en los ídolos y cree en Dios se agarra al asidero más seguro, que es irrompible» (Corán 87/2,256).

La primera frase de esta última aleya, «no hay coacción en la religión», se cita a menudo para hacer creer que el Corán respeta la libertad religiosa. Nada más lejos de la verdad. La exégesis demuestra que la «religión» a la que ahí se refiere es el islam, y en la frase siguiente aclara que es la que posee la «buena dirección», mientras las demás andan extraviadas. La interpretación correcta es que no se consiente que nadie sea coaccionado para abandonar el islam. Concluyentemente, el Corán estipula que no se admitirá que nadie presione a un musulmán para que cambie de religión, algo perfectamente compatible con la obligación manifiesta de coaccionar al no musulmán para que se convierta: a los paganos, una vez vencidos, atenazándolos con castigos que pueden conllevar la pérdida de la vida o la esclavitud; a los judíos y cristianos, derrotándolos por la fuerza y manteniéndolos forzados bajo el régimen legal de la *dimma* (Corán 113/9,29). Asimismo, el derecho islámico exige que todo cónyuge no musulmán tenga que hacerse musulmán, que el hijo de cristiana y musulmán deba ser obligatoriamente musulmán, bajo amenaza de pena capital.

Una interpretación similar hay que hacer de todos los versículos con apariencia tolerante. Por ejemplo: «Vosotros tenéis vuestra religión, y yo tengo mi religión» (Corán 18/109,6). Significa todo lo contrario de lo que puede parecer a primera vista, que Mahoma tiene la suya y no hay más que hablar. Pero, si queda alguna duda, el mensaje coránico definitivo proclama la prevalencia de la religión islámica sobre toda otra (Corán 92/4,141; 109/61,9; 111/48,28; 113/9,33). Cuando encontremos unos versículos que dicen algo distinto, con toda seguridad están abrogados.

Lo cierto es que ningún musulmán es libre para abandonar su religión, ni para adoptar otra. Porque el Corán considera un crimen volver la espalda a la «verdad» de la religión refrendada por Dios. A partir de ahí, se estatuye un principio de intolerancia absoluta:

«La religión, para Dios, es el islam» (Corán 89/3,19).

«No creáis sino al que sigue vuestra religión. Di: 'La dirección es la dirección de Dios'» (Corán 89/3,73).

«Quien busque una religión diferente del islam, no se le consentirá, y en la otra vida será de los perdedores» (Corán 89/3,85).

«Los que han descreído después de haber creído (...) Esos, su retribución es que caerá sobre ellos la maldición de Dios, de los ángeles y de los humanos a la vez» (Corán 89/3,87).

En coherencia, la Ley islámica institucionalizó un sistema de vigilancia para el cumplimiento público de las normas: una policía política de la moralidad encargada de reprimir los comportamientos inadecuados. El fundamento coránico estriba en la prescripción de cumplir y hacer cumplir lo que está mandado:

«Que seáis entre vosotros una nación que llama al bien, ordena lo correcto y prohíbe lo reprobable. Esos son los que triunfan» (Corán 89/3,104).

«Los creyentes y las creyentes son aliados unos de otros. Ordenan lo correcto, prohíben lo reprobable, elevan el rezo, pagan el tributo, y obedecen a Dios y a su enviado» (Corán 113/9,71).

En el ámbito del islam, ser musulmán no es una decisión libre y, en cualquier caso, dejar de serlo concita la amenaza de graves penas. Una vez que uno forma parte de la comunidad musulmana, carece de libertad para abandonarla. Ni siquiera está permitido estudiar la propia religión con perspectiva crítica.

Desde una mirada distante, observamos que los cambios históricos que trajo consigo la aparición del islam, encriptados en su libro sagrado, supusieron una *involución* a concepciones religiosas y políticas marcadamente arcaizantes. La involución a una idea rudimentaria de Dios como déspota irrestricto, amo en busca de siervos que lo adoren, lo sirvan y maten por él. La involución a unos rituales comunitarios que alimentan sentimientos de odio hacia los de fuera, en los que en ocasiones se ofrendan sacrificios cruentos como chivos expiatorios. La involución a una conducta ética y política que incurre en el legalismo teocrático, supresor de derechos y libertades, que legitima la opresión sobre las mujeres y los disidentes, y que ordena ejercer la violencia contra los infieles, en nombre de Dios.

La doctrina del Corán, en efecto, supone la regresión a un sistema religioso irracionalista, ritualista, legalista y teocrático que troquela las estructuras mentales de sus seguidores y las estructuras sociales de muchos países con funestas consecuencias. En conjunto, su visión del mundo presume poseer ya la absoluta perfección, revelada, por lo que repudia como negativa cualquier evolución: produce una desvalorización del tiempo y sus innovaciones, pues su pretensión es implantar lo eterno; rechaza toda autonomía de la historia humana y toda libertad personal, pues su ideal es el sometimiento a un orden social sagrado, inmutable, divinizado.

La configuración mítica, ritual y ética contenida en el Corán entraña interpretaciones y tomas de posición que repercuten en numerosos problemas y, en última instancia, conllevan implicaciones filosóficas que mantienen toda su vigencia hoy. De ahí que nos sintamos emplazados a plantear unas cuestiones de fondo sobre las que habría que meditar:

– Si el mundo es inteligible, o no, en función de la concepción de Dios como pura voluntad. En este último caso, un Dios que hace lo que quiere a cada instante, que muda su promesa y su elección, está en contradicción con el Dios fiel a su promesa, cuyo *logos* sustenta la realidad y da confianza.

– Si la convivencia humana ha de fundarse en los vínculos tribales, o bien en derechos de todos los humanos y en las libertades individuales. El privilegio de la vinculación tribal con la estirpe biológica abrahánica, implanta un etnicismo que torpedea la construcción de proyectos abiertos de convivencia humana.

– Si deben superarse, o no, las diferencias basadas en el racismo, el nacionalismo, el indigenismo y tantos otros particularismos. La idea de una fe o cultura que, metafóricamente, impone una especie de circuncisión para ser «hijos de Abrahán», choca con la irrelevancia de todas esas identidades argumentada por el apóstol Pablo.

– Si deben superarse, o no, las desigualdades sociales y legales. El simple traspaso de la bendición de los hijos de Israel a los hijos de Ismael, de unos privilegiados a otros, no promueve ningún esquema de igualdad, sino más bien la sustitución de un sistema de injusticia por otro.

– Si hay que reconocer, o no, el derecho a la libertad religiosa. El modelo del Abrahán coránico, que condena a su propio padre porque tiene otros dioses, no hace más que reforzar el principio de intolerancia hacia toda religión distinta del islam. En cambio, el relato del Abrahán bíblico sugiere todo lo contrario, cuando dice que respetó a su padre y él siguió su camino.

A estas alturas, llegados al final de este estudio comparativo en torno a aspectos significativos, es hora de recordar algo en lo que ya insistimos desde el principio: que todos los análisis, las comprobaciones, los resultados y las conclusiones que se han ido desarrollando se refieren exclusivamente a los *textos canónicos* de las dos religiones consideradas, en cuanto *sistemas*. La comparación se limita a los axiomas fundamentales y a una serie de temas homólogos que forman parte de un sistema y del otro.

Si lo estudiado y confrontado son los sistemas de ideas en su formulación canónica, sería una equivocación interpretar que se está enjuiciando a individuos o grupos, o que se prejuzga la superioridad moral de unas personas respecto a otras. No obstante, una vez disipada esta posible confusión, reivindicamos que los sistemas en cuanto tales no son propiedad exclusiva de nadie; están ahí en sus textos y todo el mundo está autorizado a intervenir en el debate, a aportar datos y argumentar según su saber y entender. La única condición exigible será el uso de la razón y el compromiso de buscar honestamente la verdad.

Para bien y para mal, los sistemas permanecen aherrojados a sus textos fundacionales y los intentos de reformar su interpretación chocan con los límites de una textualidad irreformable y, en el islam, con las intimidaciones de un poder amenazante. Esto puede ser desolador para algunos en ciertas encrucijadas vitales. Pero quizá quede una posibilidad de otra índole. La corriente judeonazarena de la que se originó históricamente el primer islam se había separado un día lejano del cristianismo mayoritario, y aquellos árabes que se unieron a lo que luego se llamó islamismo no eran politeístas, sino cristianos. Entonces, aunque la evolución histórica sea virtualmente irreversible para los sistemas, no tiene por qué serlo para las personas. El camino de regreso permanece siempre abierto para quien, en un momento, juzgue convincente recorrerlo y reencontrarse con la fe de sus antepasados.

EPÍLOGO

Hubo un tiempo en que creía posible una reforma del islam. Conforme he profundizado mis investigaciones sobre del sistema islámico, he ido comprendiendo hasta qué punto tal reforma resulta una ilusión de todo punto imposible. ¿Por qué?

Un proceso de reforma exigiría, ante todo, modificar o descartar buena parte de la literalidad del texto coránico, siendo así que para todo musulmán el Corán constituye un libro divino, perfecto, inmutable, intangible, infalible y eterno.

Exigiría, también, poner en cuestión la historicidad de *La vida del enviado de Alá*, escrita por Abd Al-Malik Ibn Hisham, que, desde el siglo IX, ha sido venerada como biografía canónica del profeta.

Exigiría, además, desacralizar la atribución a Mahoma de las colecciones de relatos, conocidos como *hadices*, incluidos el *Sahih Al-Bujari* y el *Sahih Muslim*, a los que la tradición islámica les reconoce un carácter cuasi revelado.

Exigiría, por último, relativizar históricamente la validez de las escuelas de jurisprudencia y, por consiguiente, la vigencia de la Ley islámica, o *saría*, cuyas codificaciones legales son consideradas definitivas por los musulmanes.

Al haber conferido a esos cuatro fundamentos una naturaleza absolutamente inalterable, como un bloque compacto envuelto por un tabú sacral, el sistema islámico no dejó posibilidad de evolución. En las sociedades islámicas, nadie se atreverá a plantear una crítica radical abiertamente. Todos saben a la perfección que el musulmán que plantee una reforma será acusado de apostasía y blasfemia, y se hallará expuesto a graves castigos.

Desde finales del siglo XIX, no han faltado diferentes reformistas que han tratado de compaginar la tradición islámica con los valores de la modernidad, pero en general evitan las cuestiones de fondo. Y no han obtenido el menor éxito. El hecho más elocuente es que quienes se han atrevido a proponer una verdadera reforma yendo a las raíces han sido severamente sancionados, como pasó con el filósofo sirio Muhammad Shahrur (1938-2019), que fue declarado apóstata por Al-Azhar; o con el teólogo sudanés Mahmoud Mohamed Taha (1909-1985), que fue juzgado y ajusticiado en la horca.

El islam quizá colapse solo, quizá sea vencido, pero reformarlo es imposible, porque no cabe reformarlo sin destruirlo, sin abandonar sus fundamentos de siempre. Los que han propuesto reinterpretaciones progresistas de los documentos fundacionales, todos, los tergiversan con exégesis que falsean los significados y ofrecen una visión, moderna o posmoderna, ostensiblemente ajena al contenido de los textos.

Llevan razón los clérigos con más autoridad en el mundo islámico, cuando sostienen públicamente que cualquier reforma innovadora será considerada como una *nueva* religión, otra, y que el islam tendrá el deber de combatirla. Esto es lo que hay. Y responde a la esencia del islam y a su historia concreta. En definitiva, todo apunta a la conclusión lógica de que el sistema islámico es irreformable.

***

Entretanto, en los países occidentales, en España y en toda Europa, por lo que respecta a las relaciones con el islam y los musulmanes, la realidad es que los partidos políticos gobernantes han mantenido estrategias temerarias, sin haber consultado nunca a los ciudadanos de sus propias naciones, por intereses que un día deberán explicar y con consecuencias nocivas que ya estamos padeciendo. Los votantes, por su parte, engañados o sabedores, han sido y son cómplices objetivos de la devastación cultural en curso, de la degeneración histórica y la amnesia del pasado.

Sobre el horizonte se ciernen y avanzan las sombras a ojos vista. Los intelectuales desaparecieron hace tiempo. En los medios, el periodismo crítico no existe. En las iglesias, sin sacerdotes, el cristianismo parece resignado a su extinción. Y el Papa de Roma, en Abu Dabi, confraterniza con el gran imán de la mezquita Al-Azhar.

BIBLIOGRAFÍA

GÓMEZ GARCÍA, Pedro
2021a *La genealogía del islam. Origen y fundamentos del sistema islámico.* Books on Demand.
2021b *El sistema islámico. Componentes míticos, rituales y éticos.* Books on Demand.

MOUSSALI, Antoine
1998 *La croix et le croissant. Le christianisme face à l'islam.* Éditions de Paris.
2000 *Judaïsme, christianisme et islam. Étude comparée.* Éditions de Paris.

CIBERGRAFÍA

PUEDEN CONSULTARSE OTROS ESTUDIOS COMPARATIVOS

Christine Schirrmacher
«La Biblia y el Corán comparados»
https://religion.antropo.es/estudios/ChristineSchirrmacher.La-biblia-y-el-coran-comparados.html

Alain Feuvrier
«¿Qué diferencias hay entre el islam y el cristianismo?»
https://religion.antropo.es/estudios/AlainFeuvrier.Diferencias-islam-cristianismo.html

François Jourdan y Eléonore de Vulpillières
«Islam y cristianismo: los callejones sin salida del diálogo interreligioso»
https://religion.antropo.es/estudios/FrancoisJourdan.Dialogo-sin-salida.html

Martín Castilla
«El mensaje coránico es incompatible con el cristianismo»
https://religion.antropo.es/estudios/seminario/materiales/MartinCastilla.Mensaje-coranico-incompatible-con-crstianismo.html

Sami Aldeeb
«El islam ¿es incompatible con las sociedades democráticas?»
https://religion.antropo.es/estudios/SamiAldeeb.Islam-incompatible-con-sociedades-democraticas.html

Rémi Brague
«Para acabar de una vez con los 'tres monoteísmos'»
https://religion.antropo.es/estudios/RemiBrague.No-tres-monoteismos.html

MATERIALES DEL SEMINARIO
SOBRE 'ANÁLISIS HISTÓRICO-CRÍTICO DEL ISLAM'
QUE SE PUEDEN CONSULTAR EN INTERNET

«El problemático estudio del sistema islámico»
https://religion.antropo.es/estudios/seminario/temas/01.El-problematico-estudio-del-sistema-islamico.html

«Los métodos histórico-críticos. Ejemplos»
https://religion.antropo.es/estudios/seminario/materiales/Los-metodos-historico-criticos.Ejemplos.Seminario.html

«Las fuentes y la historia califal de los orígenes»
https://religion.antropo.es/estudios/seminario/temas/03.Las-fuentes-y-la-historia-califal-de-los-origenes.html

«La historia científica de la génesis del islam»
https://religion.antropo.es/estudios/seminario/temas/04.La-historia-cientifica-de-la-genesis-del-islam.html

«La genealogía macabea, zelota y nazarena»
https://religion.antropo.es/estudios/seminario/temas/05.La-genealogia-macabea-zelota-y-nazarena.html

«El protoislam nacido del mesianismo nazareno»
https://religion.antropo.es/estudios/seminario/temas/06.El-protoislam-nacido-del-mesianismo-nazareno.html

«El Corán, libro divino del islamismo»
https://religion.antropo.es/estudios/seminario/temas/07.El-Coran-libro-divino-del-islamismo.html

«Las estructuras fundamentales del sistema islámico»
https://religion.antropo.es/estudios/seminario/temas/08.Las-estructuras-fundamentales-del-sistema-islamico.html

«Mahoma en la historia y en el mito»
https://religion.antropo.es/estudios/seminario/temas/09.Mahoma-en-la-historia-y-en-el-mito.html

«Los creyentes, un pueblo sumiso a Mahoma»
https://religion.antropo.es/estudios/seminario/temas/10.Los-creyentes-un-pueblo-sumiso-a-Mahoma.html

«Los componentes míticos del sistema islámico»
https://religion.antropo.es/estudios/seminario/temas/11.Los-componentes-miticos-del-sistema-islamico.html

«Dios en la teología coránica»
https://religion.antropo.es/estudios/seminario/temas/12.Dios-en-la-teologia-coranica.html

«Abrahán anacrónicamente musulmán»
https://religion.antropo.es/estudios/seminario/temas/13.Abrahan-anacronicamente-musulman.html

«Moisés prototipo de Mahoma»
https://religion.antropo.es/estudios/seminario/temas/14.Moises-prototipo-de-Mahoma.html

«María islamizada en el Corán»
https://religion.antropo.es/estudios/seminario/temas/15.Maria-islamizada-en-el-Coran.html

«Jesús en contradicción con el Evangelio»
https://religion.antropo.es/estudios/seminario/temas/16.Jesus-en-contradiccion-con-el-Evangelio.html

«Los componentes rituales del sistema islámico»
https://religion.antropo.es/estudios/seminario/temas/17.Los-componentes-rituales-del-sistema-islamico.html

«Las prohibiciones y las prescripciones rituales»
https://religion.antropo.es/estudios/seminario/temas/18.Las-prohibiciones-y-las-prescripciones-rituales.html

«Los sacrificios animales y humanos»
https://religion.antropo.es/estudios/seminario/temas/19.Los-sacrificios-animales-y-humanos.html

«Los componentes éticos del sistema islámico»
https://religion.antropo.es/estudios/seminario/temas/20.Los-componentes-eticos-del-sistema-islamico.html

«La política islámica como régimen de teocracia»
https://religion.antropo.es/estudios/seminario/temas/21.La-politica-islamica-como-regimen-de-teocracia.html

«El matrimonio coránico y el poder masculino»
https://religion.antropo.es/estudios/seminario/temas/22.El-matrimonio-coranico-y-el-poder-masculino.html

«La inferioridad de la mujer en el orden coránico»
https://religion.antropo.es/estudios/seminario/temas/23.La-inferioridad-de-la-mujer-en-el-orden-coranico.html

«La hostilidad hacia los judíos y los cristianos»
https://religion.antropo.es/estudios/seminario/temas/24.La-hostilidad-hacia-los-judios-y-los-cristianos.html

«La yihad como combate en el camino de Dios»
https://religion.antropo.es/estudios/seminario/temas/25.La-yihad-como-combate-en-el-camino-de-Dios.html

«El sistema islámico ante el análisis histórico-crítico»
https://religion.antropo.es/estudios/PedroGomez.El-sistema-islamico-a-la-
luz-del-analisis-critico.html

«La concepción del mundo en el islam»
https://religion.antropo.es/estudios/PedroGomez.Concepcion-mundo-
islam.html

«Los métodos histórico-críticos. Ejemplos»
https://religion.antropo.es/estudios/seminario/materiales/Los-metodos-
historico-criticos.Ejemplos.Seminario.html

«El Corán ante la crítica histórica»
https://religion.antropo.es/estudios/seminario/materiales/=2019.Coran-
ante-la-critica-historica.pdf

«El pensamiento crítico no es islamofobia»
https://religion.antropo.es/estudios/seminario/materiales/MartinCastilla.Cri
tica-no-es-islamofobia.html

«El mensaje coránico es incompatible con el cristianismo»
https://religion.antropo.es/estudios/seminario/materiales/MartinCastilla.Me
nsaje-coranico-incompatible-con-crstianismo.html

«Metafísica del islam»
https://religion.antropo.es/estudios/seminario/materiales/MartinCastilla.Me
tafisica-del-islam.html

«Significado del velo femenino en el islam»
https://religion.antropo.es/estudios/seminario/materiales/MartinCastilla.Sig
nificado-del-velo-islamico.html

«¿Feminismo en el sistema islámico?»
https://religion.antropo.es/estudios/seminario/materiales/MartinCastilla.Fe
minismo-islamico.html

«Las mil y una quimeras del 'feminismo islámico'»
https://religion.antropo.es/estudios/seminario/materiales/MartinCastilla.Qu
imeras-feminismo-islamico.html

«El último sexo, el sexo debilitado»
https://religion.antropo.es/estudios/seminario/materiales/Documento-
26.El-sexo-debilitado.html

«El matrimonio de Mahoma con la niña Aisha»
https://religion.antropo.es/estudios/seminario/materiales/Matrimonio-de-
Mahoma-con-Aisha.html

«Mahoma y las mujeres adúlteras»
https://religion.antropo.es/estudios/seminario/materiales/Mahoma-y-las-
mujeres-adulteras.html

«Acotaciones sobre la condición femenina en el islam»
https://www.ensayos-filosofia.es/archivos/articulo/acotaciones-sobre-la-
condicion-femenina-en-el-islam

«Circuncisión masculina y femenina»
https://religion.antropo.es/estudios/SamiAldeeb.Circuncision-masculina-y-
femenina.html

«La abrogación en el Corán»
https://religion.antropo.es/estudios/SamiAldeeb.La-abrogacion-en-el-
Coran.html

«Estudios sobre el Corán»
https://religion.antropo.es/estudios/!estudios-Coran.html

Este libro
se terminó de maquetar
el 12 de septiembre de 2023
340 aniversario
de la batalla de Kahlenberg